"Un profundo permiso que ni siquiera sabía que necesitaba. A través de una prosa cálida y refinada, Anjuli nos guía suavemente en el proceso de poner nombre a nuestros sentimientos, sentir realmente esas emociones, y llevar cada una de ellas delante del Señor. Este libro es un regalo que se multiplica, alimentando el trabajo interior que tantos de nosotros necesitamos para prosperar".

Ashlee Gadd,
fundadora de *Coffee + Crumbs* y autora de *Create Anyway: The Joy of Pursuing Creativity in the Margins of Motherhood*

"*Sentir* es el acompañante que no sabías que necesitabas. En estas páginas, nuestras emociones son liberadas para reclamar el espacio que merecen, pero que a menudo se les niega. Anjuli nos empodera para identificar, expresar y honrar nuestros sentimientos a la vez que nos señala a Cristo".

Yvette Henry,
oradora, escritora y coanfitriona del *podcast How Married Are You?!*

"*Sentir* es una hermosa práctica para nuestras emociones, que ofrece profundas perspectivas sobre cómo los sentimientos iluminan un camino hacia la oración y una mayor intimidad con Dios. Con gracia y compasión, Anjuli Paschall nos guía suavemente a través de nuestras emociones, invitándonos a hacer amistad con cada una de ellas en el camino".

Dra. Alison Cook,
terapeuta, presentadora de *podcast* y autora de *I Shouldn't Feel This Way* y *Boundaries for Your Soul*

"En *Sentir*, Anjuli Paschall nos invita a experimentar el amor de Dios sin importar qué emociones estemos atravesando, de cuáles nos estemos escondiendo o tratamos de comprender. Sus palabras nos guían suavemente en un viaje de enfrentar nuestros sentimientos y encontrar a Dios allí, a través de la oración y de sus palabras. *Sentir* es un regalo".

Greta Eskridge,
autora de *Adventuring Together* y presentadora de *The Greta Eskridge Podcast*

"Con una poderosa vulnerabilidad, *Sentir* proporciona un lenguaje hermoso para el trascendente trabajo de ofrecer nuestra humanidad a Dios. Estoy profundamente agradecida por el modo en que Anjuli modela la danza sagrada de ser plenamente humanos, incluso mientras recordamos una y otra vez: Dios está con nosotros".

Aundi Kolber, *MA, LPC*,
terapeuta y autora de *Try Softer©* y *Strong like Water*

"En esta colección reflexiva y conmovedora, Anjuli nos ayuda a nombrar, hacer espacio y atravesar nuestras emociones. Con cuidado y compasión, este libro nos invita a ofrecer cada emoción a Aquel que nos creó y nos ama hasta alcanzar la plenitud".

Kayla Craig,
autora de *Every Season Sacred: Reflections, Prayers, and Invitations to Nourish Your Soul and Nurture Your Family throughout the Year*

sentir

**Una colección de prácticas que ofrecen esperanza
para cada emoción complicada**

Anjuli Paschall

WHITAKER
HOUSE
Español

A menos que se indique lo contrario, todas citas de la Escritura han sido tomadas de la Santa Biblia Nueva Biblia de las Américas™ NBLA™ Copyright © 2005 por The Lockman Foundation. Derechos reservados. Las citas de la Escritura marcadas (NVI) son tomadas de la Santa Biblia, Nueva Versión Internacional® NVI® © 1999, 2015, 2022 por Biblica, Inc.® Usado con permiso de Biblica, Inc.® Reservados todos los derechos en todo el mundo. Las citas de la Escritura marcadas (NTV) son tomadas de la *Santa Biblia Nueva Traducción Viviente*, © Tyndale House Foundation, 2010. Usadas con permiso de Todos los derechos reservados.

Traducción al español por:
Belmonte Traductores
www.belmontetraductores.com

Editado por Henry Tejada Portales

SENTIR
Una colección de prácticas que ofrecen esperanza para cada emoción complicada

Publicado originalmente en inglés en 2024 bajo el título
Feel, A Collection of Liturgies Offering Hope for Every Complicated Emotion
por Bethany House Publishers, una división de Baker Publishing Group
Grand Rapids, Michigan

ISBN: 979-8-88769-417-7
eBook ISBN: 979-8-88769-418-4
Impreso en los Estados Unidos de América
© 2025 por Anjuli Paschall

Whitaker House
1030 Hunt Valley Circle
New Kensington, PA 15068
www.espanolwh.com

Por favor, envíe sugerencias sobre este libro a: comentarios@whitakerhouse.com. Ninguna parte de esta publicación podrá ser reproducida o transmitida de ninguna forma o por algún medio electrónico o mecánico; incluyendo fotocopia, grabación o por cualquier sistema de almacenamiento y recuperación sin el permiso previo por escrito de la editorial. En caso de tener alguna pregunta, por favor escríbanos a permissionseditor@whitakerhouse.com.

1 2 3 4 5 6 7 8 9 10 11   32 31 30 29 28 27 26 25

Para Sam

*Por cada vez que he sentido algo,
y tú esperaste para verme: gracias.
Gracias por verme
como alguien por quien vale la pena esperar.*

contenido

Una nota para el lector   8

1. Sorpresa   19
Sorprendido	20		*Confundido*	31
Asombrado	22		*Incómodo*	34
Emocionado	25		*Desilusionado*	37
Decepcionado	28		*Conmocionado*	40

2. Temor   43
Asustado	44		*Nervioso*	68
Indigno	47		*Abrumado*	71
Impotente	50		*Aterrorizado*	74
Inseguro	53		*Desesperado*	77
Ansioso	57		*Preocupado*	81
Estresado	61		*Culpable*	84
Vulnerable	64			

3. Enojo   89
Enojado	90		*Celoso*	115
Agitado	93		*Molesto*	119
Frustrado	97		*Fracasado*	122
Resentido	99		*Exhausto*	125
Entumecido	103		*Traicionado*	129
Escéptico	106			
Furioso	109			
Perezoso	112			

4. Felicidad 133

Feliz	134	Curioso	154
Creativo	137	Juguetón	157
Seguro	141	Contento	160
Libre	144	Valiente	163
Agradecido	146	Esperanzado	166
En paz	149	Nostálgico	169
Tierno	151		

5. Indignación 173

Indignado	174	Intimidado	190
Horrorizado	177	Resistencia	193
Enfermo	180	Desagradable	195
Indeciso	184	Abochornado	198
Incomprendido	186	Presión	202

6. Tristeza 205

Triste	206	Cansado	231
Dolor	209	Invisible	234
Vergüenza	212	Devastado	237
Deprimido	216	Solitario	240
Desanimado	219	Rechazado	242
Frágil	222	Olvidado	245
Anhelo	225	Sufrimiento	248
Herido	228	Sombrío	251

Reconocimientos   255
Acerca de la autora   256

una nota para el lector

No estoy segura de cómo este libro se abrió camino hasta llegar a tus manos. Tal vez siempre has sido alguien que no siente mucho, y tu amigo que es más emocional te dio este libro como un regalo. Quizá tú eres quien lleva la etiqueta de "emocional" y esperas encontrar consuelo en la compañía de otra persona que también es emocional. Tal vez siempre has sido de los que pueden pensar y resolver cosas difíciles bastante bien, pero tus emociones siempre han sido un poco inconvenientes. Tus emociones te asustan. Tal vez siempre fuiste el "fuerte" y sentías que las emociones te hacían débil. No te gusta sentirte débil. Sin embargo, por la razón que sea, estás aquí ahora. Y creo que se necesita mucho valor para confrontar tus sentimientos, ya seas terapeuta, maestra de kínder o bioquímico. No te engañes: las personas racionales o creativas (del lado izquierdo o derecho del cerebro) no obtienen un pase libre para evitar sentir sus emociones. Los seres humanos tenemos dificultades para saber qué hacer con nuestros sentimientos, y esto no tiene nada que ver con ser bueno con los números o que nos guste la poesía.

Tal vez estoy calificada para escribir este libro porque he caído en cada una de las categorías de "los que sienten". Sentidora profunda, no sentidora, sentidora crítica que se irrita con los que "gimen", sentidora evasiva y sentidora asustada que, en tercer grado, estaba paranoica de que me sentaran junto a Mindy, la superemocional, el día en que hacían el mapa de asientos. (No te preocupes, Mindy terminó siendo una de mis mejores amigas, así que hay esperanza para todos nosotros).

Mientras crecía, aprendí que algunos sentimientos eran aceptables, como felicidad, creatividad, o paz, mientras que otras emociones eran malas, peligrosas, e incluso consideradas pecaminosas: ira, confusión o miedo. Me ha tomado años reintegrar los "malos" sentimientos y reordenar los "buenos". Atravesé todo un viaje para comprender que los sentimientos no son ni correctos ni incorrectos, sino una guía hacia la plenitud y un camino hacia la oración.

Para la mayoría de las personas, incluyéndome a mí, los sentimientos son complicados. Los sentimientos se convierten en una cosa más con la que lidiar. Los sentimientos dolorosos se interponen en el camino. Nos sentimos ansiosos, atrapados, abrumados o avergonzados de sentir lo que sentimos. Debido a que los sentimientos pueden ser complicados, los gestionamos, los negociamos, los evitamos, los ahogamos, o los descartamos por completo. Tenemos muchas estrategias para no sentir lo que sentimos; sin embargo, cuando nos adentramos en nuestros sentimientos, incluso con los ojos entrecerrados y, con suerte, con un buen amigo a nuestro lado (quizá un consejero pagado y siempre Jesús), encontramos la misteriosa alegría de ser plenamente humanos. Dejamos de sentirnos fragmentados en nuestro interior, encontramos plenitud, integración, unión y, en última instancia, paz (incluso cuando los sentimientos más intrusivos nos atormentan a las tres de la mañana).

¿Cómo te sientes?

Debes comenzar aquí, te guste o no. Discernir cómo te sientes es como probarte zapatos. Cada persona encaja en los sentimientos de manera diferente, al igual que los zapatos, lo cual significa que podrías tener que probar varios sentimientos para averiguar cuál es el que realmente sientes. Así como tus pies requieren diferentes zapatos según el tipo de caminata, senderismo o salto que hagas, igualmente tu corazón experimenta diferentes sentimientos en diferentes momentos; pero después de probarte algunos para encontrar el ajuste correcto, descubres cuál es el adecuado para ti. Cuando nombras el sentimiento que realmente sientes, tu alma se expandirá, como cuando te pones el par de zapatos correcto. Te sentirás cómodo en él. Piensa en Cenicienta y su zapato de cristal. Cuando identificas el sentimiento que sientes, algo mágico sucede (incluso si la circunstancia o el sentimiento no es ideal).

Los sentimientos se acomodan por capas. Es poco frecuente sentir solo un sentimiento a la vez. Y los sentimientos tienen matices. Hay una diferencia entre preocupación, ansiedad y nerviosismo, aunque se sientan bastante similares. Tristeza, lamento y añoranza pueden sonar en la misma tonalidad menor, pero no son la misma nota. También puedes sentirte irritado, agradecido y avergonzado, todo al mismo tiempo. A medida que te abres paso entre tus sentimientos, uno destacará un poco más que los demás. Se ajustará a ti de una manera que te hará sentir con los pies en la tierra y capaz de avanzar realmente.

Si eres más visual, encontrarás ilustraciones a lo largo de este libro que podrían ayudarte a identificar cómo te sientes.

Este libro no es para leerse de principio a fin, sino según cómo te sientas. Notarás que cada capítulo sobre sentimientos tiene tres movimientos: *El lenguaje del sentimiento, Una práctica para el sentimiento,* y *Una palabra viva.*

Primera sección: *El lenguaje del sentimiento*

En la primera sección, *El lenguaje del sentimiento*, te invito a sentir lo que sientes. No tienes que luchar o huir de tus sentimientos, sino simplemente sentirlos (es más fácil decirlo que hacerlo, lo sé). En ocasiones, no tenemos palabras para nuestros sentimientos y nos quedamos atrapados en un lugar oscuro y doloroso, golpeando nuestra cabeza contra una pared. Darle un lenguaje a nuestros sentimientos es como prender las luces. Nos damos cuenta de que la pared era en realidad una puerta, y las palabras nos ayudan a abrirla.

Cada sentimiento tiene una historia. Comenzó en algún lugar. Tal vez fue esta mañana cuando tu alarma interrumpió groseramente tu sueño reparador. Quizá fue un golpe de hormonas porque los cuerpos humanos tienen una mente indomable propia. Una mala noche de sueño o una oleada de estrógeno ciertamente afectan tus emociones. Estas cosas no debieran ser desacreditadas como la causa de cómo te sientes.

Sin embargo, tampoco puedes desacreditar la historia que desencadenó tus sentimientos. Una vez que logras nombrar cómo te sientes (encontrar el zapato adecuado), intenta rastrear la historia de cómo esa emoción llegó a ser una parte activa de tu estado de ánimo actual. Tal vez puedas rastrear tus sentimientos tan atrás como tu infancia o tan recientemente como hace diez minutos. De cualquier manera, rastrear la historia de tu sentimiento es una parte importante para encontrar tu camino a través de él. En esta sección, *El lenguaje del sentimiento*, rastreo mis sentimientos. Intento encontrar palabras para el caos dentro de mí. Presto atención a mi cuerpo y a dónde residen mis sentimientos en él. Este es mi intento vulnerable de compartir las palabras de mi alma contigo. Tal vez al leer mis palabras, encontrarás las tuyas. Quizá al rastrear algunas de mis historias, podrás rastrear las tuyas.

Esta sección es mi intento de ser un poco más sincera contigo y con mi propio corazón. Bienvenido a mi diario: desbloqueado y vendido en Amazon al mismo precio que un sombrero de pescador. Dios, ayúdame.

Todos tenemos un universo de espacio interior justo debajo de nuestras costillas. Da miedo ahí adentro. Puede sentirse desolado, infinito y expansivo. Mientras exploro los cosmos dentro de mí, espero que tú emprendas tu propia expedición. Si mi lenguaje para los sentimientos te ayuda, maravilloso. Si no, salta directamente a las prácticas. No hay reglas para este libro. Elige tu propia aventura.

Segunda sección: *Una práctica para sentir*

Abre tu corazón y ora.

Eso suena muy sencillo, ¿no es cierto? No lo es. Hablamos de la oración, pensamos en la oración, le decimos a la gente que vamos a orar, pero ¿realmente oramos? No oramos ni de cerca tanto como hablamos de ello, o como pensamos en nuestros problemas (hablo desde mi experiencia personal). Este no será un libro que te enseñe a orar, pero espero que te ayude a orar realmente.

Advertencia: por favor, no esperes que este libro funcione como magia. Te sentirás tentado a hacer "oraciones mágicas". Una oración mágica es la esperanza de que Jesús simplemente arregle cómo te sientes, resuelva tus problemas o elimine tu dolor, pero la relación de Dios contigo no es transaccional. No le entregas tu temor y, a cambio, Él te da paz instantánea. No, Dios no es un genio que sale de una lámpara. Aunque Dios podría sanarte milagrosamente, a veces no lo hace. Tu relación con Dios es exactamente eso: una relación. Como un buen padre, Él quiere que encuentres una sanidad profunda, no una solución temporal. Esto requiere tiempo intencional, contemplación, y una comunidad amorosa que será testigo de tus heridas. Dios no solo pondrá una venda en tu dolor; Él promete estar a tu lado en el proceso. Su propósito incondicional es cargarte, consolarte, y ofrecerte amor mientras tu historia se desarrolla.

Si compraste este libro esperando una experiencia del tipo: "Ave María, Señor sáname ahora", devuélvelo. Mi objetivo no es resolver tus sentimientos complicados. Para que conste, incluso las emociones "felices" pueden ser complicadas. Mi esperanza es invitarte a sentir lo que sientes como un modo de conectar con Dios. Los sentimientos se convierten en un puente hacia una conexión verdadera. Sí, los sentimientos crean acceso directo a tu Creador; por lo tanto, en cierto modo, los sentimientos son un poco mágicos. La magia no está en la resolución de tus sentimientos, sino en la compañía que Dios te ofrece al recorrerlos.

En esta sección, *Una práctica para sentir*, espero que puedas orar. Con sinceridad, clama a Dios. Con sinceridad, abre tu corazón a Dios. ¿No es esa la verdadera oración? Toma prestadas mis palabras si te ayudan. Si las palabras son demasiado difíciles, los sollozos, el silencio y los suspiros suaves también sirven.

Última sección: *Una palabra viva*

Esta sección es una invitación a escuchar. Para los habladores, los ansiosos por el silencio y los que no creen que Dios habla, esto podría ser un desafío; pero Dios, como un buen consejero, escucha y habla. Su verdad llega hasta lo más profundo. Pasa por alto todas tus maniobras y atraviesa tu alma. Después de haber sido sincero contigo mismo y con Dios, escucha. Escucha la respuesta de Dios para ti. Escucha las promesas de Dios para ti.

Cada sentimiento puede encontrarse en la Escritura. Me maravilla esta realidad. Todo lo que sientes no solo se menciona en la Biblia, sino que también lo experimentan personas como Abraham, Moisés, personajes secundarios como humildes pastores y siervos, María y, sí... Jesús. El libro de los Salmos es un libro completo de la Biblia lleno de sentimientos en forma de oraciones. Escucha las maneras en que el Señor habla a tus emociones a través de la Escritura. Su Palabra viva está llena de palabras de amor. Escucha.

Una nota final, amigo

Pienso que es importante que sepas que no creo que los sentimientos te digan qué hacer. Si sigues únicamente los sentimientos, ciertamente te llevarán a la necedad. Simplemente no lo hagas. Me gusta pensar en los sentimientos como un mapa. Cuando te sientes perdido, despliegas un mapa y ves dos palabras en letras rojas: "Estás aquí". Sí, este es el papel de los sentimientos.

Te dicen dónde estás realmente. No están destinados a decirte adónde ir o quién eres. Te sirven al ayudarte a encontrar tu balance en el lugar donde realmente estás.

Los sentimientos son un indicador de que tu alma necesita más cuidado. Son una invitación. Si sigues la invitación, descubrirás no solo tu propia alma, sino también la presencia de Dios contigo. Tus emociones se convierten en una puerta hacia la oración y, en última instancia, hacia el amor. Los sentimientos se convierten en luces en el camino, ayudándote a ver dónde está realmente tu corazón.

Es posible que puedas experimentar tus sentimientos como una caja de joyas y no como un cajón de basura lleno de todo lo no deseado y desubicado. Es posible que los que no sienten mucho y los que sienten mucho encuentren libertad. Es posible que no tengas que estar solo al tratar de entender los lugares complicados que hay dentro de ti.

Es mi esperanza que este libro sea una guía para ti hoy y en los años venideros. Tus sentimientos no tienen por qué llevarte a una crisis, una espiral o un ciclo de estrés. Los sentimientos no tienen que castigarte, paralizarte, presionarte o empujarte. El objetivo no es deshacerse de todos los sentimientos o simplemente resolver los dolorosos. Más bien, mi esperanza es que experimentes la plenitud del amor de Dios en tu vida, cualquiera que sea la emoción que estés sintiendo, desde la alegría exuberante hasta la tristeza profunda.

Que este libro sea un recordatorio amable de que los sentimientos son, más que nada, un regalo.

Con amor,
Anjuli

Comienza aquí: ¿cómo te sientes?

¿Cómo te sientes?

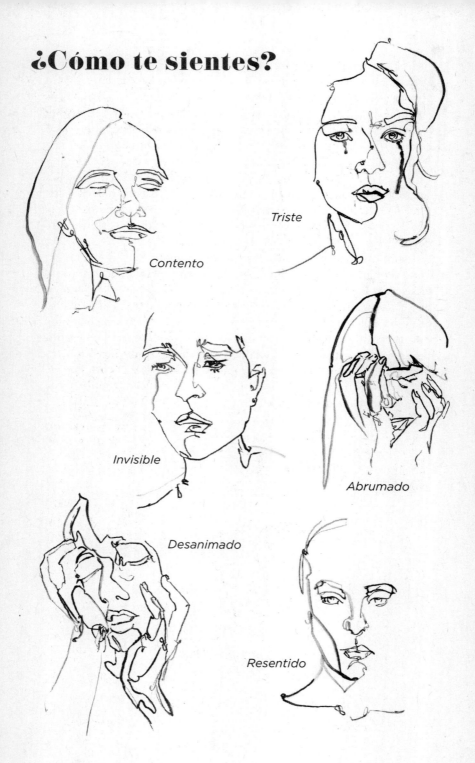

Contento

Triste

Invisible

Abrumado

Desanimado

Resentido

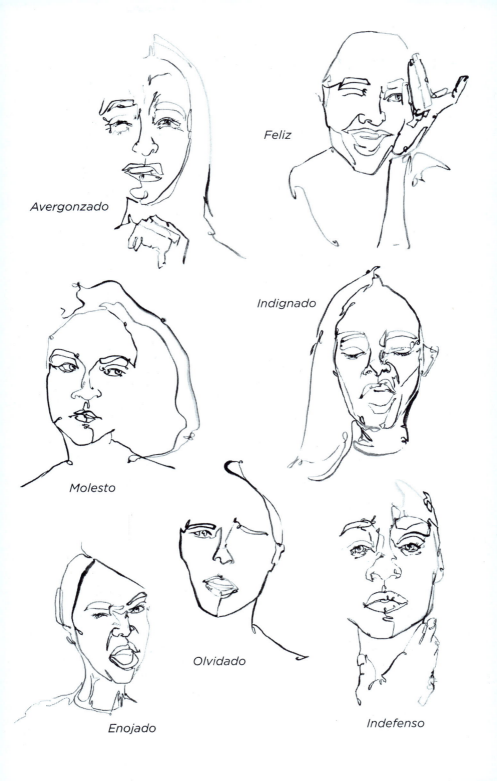

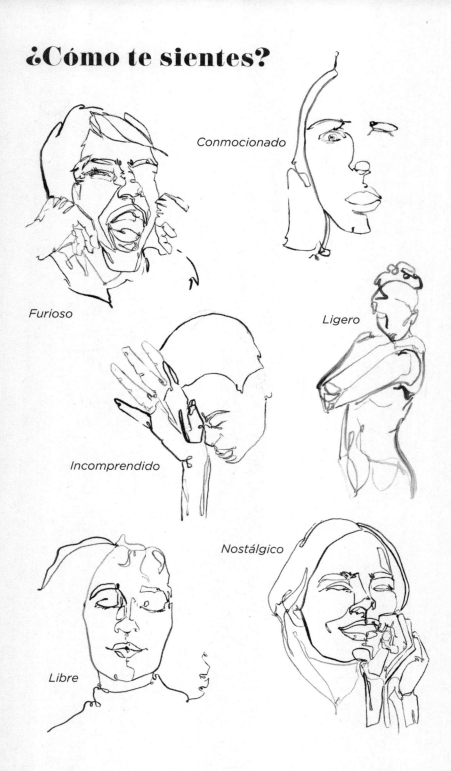

sorpresa

Sorprendido: reacción ante un evento, hecho o cosa inesperada o asombrosa.
Asombrado: lleno de gran admiración mezclada con un ligero temor y reverencia.
Emocionado: un estado elevado de entusiasmo y expectación.
Decepcionado: descontento porque alguien o algo no cumplió tus esperanzas o expectativas.
Confundido: incapaz de pensar con claridad, incierto.
Incómodo: sentir inquietud o incomodidad.
Desilusionado: decepcionado porque alguien o algo es menos bueno de lo que habías creído.
Conmocionado: resultado de un evento o experiencia repentina o perturbadora.

sorprendido

reacción ante un evento, hecho o cosa inesperada o asombrosa

El lenguaje de sentirse sorprendido

Algunas personas aman las sorpresas. Aman empujar los límites de sus cuerpos y emociones. Aman lo desconocido. Ese no es mi caso. La idea de que alguien me haga una fiesta sorpresa me hace sentir físicamente incómoda. Me gusta que la vida sea un poco más predecible. Me gusta conocer mi entorno y saber qué esperar. Me gusta tener control. Las sorpresas me colocan en un lugar de conflicto. Me siento dividida en dos.

Hoy, cuando una casa llena de invitados inesperados vino a cenar, estaba en conflicto entre mi deseo y mi realidad. Podía ver el potencial de algo bueno. Podía ver la alegría, pero también era consciente de la lucha interna en mi interior. Al ser tomada por sorpresa, me sentí agitada. Quería culpar a alguien por colocarme en esta posición. Este giro inesperado me robó el control. Quería estar más emocionada, feliz o contenta, así que actué porque no sabía cómo manejar la situación. Reprimí mis deseos y les di a las personas lo que querían, incluso cuando no estaba completamente feliz. Le di a la gente partes de mí que pensé que podrían manejar; sin embargo, en el fondo me sentí ignorada. Sentí presión para complacer a personas que se sentirían decepcionadas por mi frustración. La opción más fácil fue esconderme y simplemente cumplir con lo esperado.

Mis emociones están en mi pecho, laten en mis brazos y palpitan en mi corazón. Mis sentidos están alerta, mis músculos tensos, y la adrenalina corre por mi cuerpo. Siento muchas cosas a la vez. Confío en que Dios está aquí, pero en medio de todas mis emociones complicadas me pregunto dónde está Él.

Una práctica para cuando me siento sorprendido

Inhala: *Dios, ayúdame...*
Exhala: *Confío en ti.*

Abro mi corazón.
Dios, me siento sorprendido.
Me permito sentir este sentimiento.
Mi corazón está agitado.
No sé completamente por qué me siento así, pero aquí estoy.
Soy una mezcla de muchas emociones.

Tú me recibes no como debería ser, sino como soy.
Por lo tanto, abro mi corazón a ti en verdad.

Como me has guiado antes, confío en que me guiarás ahora.
Incluso cuando no sé cómo responder, qué decir o qué hacer a continuación, creo que me darás lo que necesito cuando lo necesite. Estoy tentado a apoyarme en mis emociones, que suben y bajan, pero, en cambio, me apoyo en la confianza que se ha desarrollado entre nosotros todos estos años.

Tú me ves.
Tú me recibes.
Tú estás conmigo.

Donde estoy ahora no es desconocido para ti.

Tú ves todos los giros bruscos.
Has puesto cada límite en su lugar.
Nada está fuera de tu control.

Creo que esta sorpresa no te sorprende a ti.
De maneras que yo no entiendo, tú incluso has dispuesto mis circunstancias para mi bien.

A medida que puedo, recibo este lugar en el que me encuentro, aunque me sienta fracturado.
Confío en que, con el tiempo, aclararás todas las cosas.
Confío en que hay un regalo en proceso para mí, aunque no lo entienda completamente.

Te doy gracias.
Porque es en este lugar de sorpresa donde tu gracia me encuentra.

Palabra viva

Quiero escuchar tu voz, Dios.

> *Juan 13:6*
> Cuando llegó a Simón Pedro, este le dijo: «Señor, ¿Tú me vas a lavar a mí los pies?».

asombrado

lleno de gran admiración mezclada con un ligero temor y reverencia

---

El lenguaje de sentirse asombrado

Me encuentro al borde de lo que se siente como la eternidad. El mar y el cielo tienen el mismo color de acero. Una imagen especular de magia. Apenas si puedo distinguir dónde termina el océano y comienza la atmósfera. En la quietud, noto la tranquilidad que siento en mi alma. Me invade la maravilla. Siento un leve temblor en mi espíritu. No tengo miedo. Soy consciente de cuán pequeña soy en este vasto mundo. Una frescura me envuelve, pero no tengo frío, soy libre.

Siento algo más que asombro. Me siento maravillada. Una parte de mí quiere apartar la mirada porque esta sensación me abruma. No quiero que termine nunca. Quiero más y más de esto. Maravillarse es una sensación poderosa. Alimenta un hambre profunda dentro de mí. Me siento despierta a la vida que siempre he anhelado. Saboreo esta sensación. Experimento algo tan profundo que despierta en mi interior un pequeño temor. Lo siento en mi cuerpo. Mis ojos se abren más, mi pecho se expande y mi respiración se ralentiza.

Siento temblar mi alma. Siento que aumenta mi deleite. Siento mi nerviosismo tranquilo. En mi asombro, siento la presencia de Dios.

Una práctica para cuando me siento asombrado

Inhala: *Mi Señor Dios*
Exhala: *Gracias*.

Abro mi corazón a ti.

Me siento asombrado.

Mi alma se expande.

Dios, pido discernimiento.
Experiencias que provocan la sensación de asombro también pueden unir mi alma a la necedad.
La maldad puede llegar disfrazada de ángel de luz para deslumbrar.
Sin embargo, ese deslumbramiento puede ser el instrumento usado para atrapar mi alma.

Señor, que sea guiado por la sabiduría.

He recorrido una gran distancia.
He atravesado el largo terreno de las relaciones o el paisaje escarpado de una ladera montañosa.
Me sorprende la pura belleza de lo que contemplo.
Mi anticipación crece y el deleite danza dentro de mí.

Dios, lo que he encontrado va más allá de lo que mi alma esperaba.
La belleza me lleva directamente a enfrentar mi fragilidad; esto me asusta.
Ayúdame a recibir tanto el miedo como la maravilla a manera de regalo.

Mis sentimientos de asombro me llevan a un espacio eterno.
Mi alma toca algo que trasciende las fronteras que mi cuerpo conoce.

Estoy siendo testigo de algo sagrado.
Dios, soy testigo de tu belleza.
Me niego a tomar el control, a huir o a aferrarme con más fuerza.

En cambio, me permito disfrutar de lo que veo, percibo y siento.

Señor, no me perderé aquí, sino que descubriré nuevas partes de mí. Levanto mis ojos. Levanto mi corazón. Levanto mis pensamientos a ti, creador del cielo y de la tierra. Contemplo la obra maestra frente a mí, dentro de mí.

Tú haces cosas hermosas.

Me maravillo.

Señor, me has dado un atisbo de la gloria oculta del cielo. La manifestación más elaborada de tu gloria es la compañía que me has dado en Cristo.

Dios, sé que este momento pasará, y cuando lo haga, lo dejaré ir. Lo que estoy experimentando ahora es solo un anticipo de lo que está por llegar mientras el tiempo se despliega.

Mi corazón está lleno de esperanza.

Siento tu amor por mí, y bendigo tu nombre.

Por este momento, mi Dios, por lo que ahora contemplo, digo: "Gracias, gracias, gracias".

Palabra viva

Inclino mi corazón para escucharte.

Lucas 2:8-14
En la misma región había pastores que estaban en el campo, cuidando sus rebaños durante las vigilias de la noche. Y un ángel del Señor se les presentó, y la gloria del Señor los rodeó de resplandor, y tuvieron gran temor. Pero el ángel les dijo: «No teman, porque les traigo buenas nuevas de gran gozo que serán para todo el pueblo; porque les ha nacido hoy, en la ciudad de David, un Salvador, que es Cristo el Señor. Esto les servirá de señal: hallarán a un Niño envuelto en pañales y acostado en un pesebre».

De repente apareció con el ángel una multitud de los ejércitos celestiales, alabando a Dios y diciendo: «Gloria a Dios en las alturas, y en la tierra paz entre los hombres en quienes Él se complace».

emocionado

un estado elevado de entusiasmo y expectación

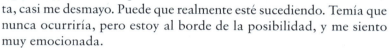

El lenguaje de sentirse emocionado

He deseado esto por mucho tiempo y he trabajado muy duro para llegar aquí. Hoy, cuando aceptaron mi oferta, casi me desmayo. Puede que realmente esté sucediendo. Temía que nunca ocurriría, pero estoy al borde de la posibilidad, y me siento muy emocionada.

Todo dentro de mí se está acelerando. Mi alma finalmente está entrando en contacto con su mayor deseo. No puedo dormir, comer, ni dejar de sonreír. Estoy tan consumida por la emoción que puedo perder de vista la realidad y a las personas reales frente a mí. Mis sentimientos pueden llevarme a un lugar de introspección excesiva. Quiero sostener esta sensación el mayor tiempo posible. Una parte de mí resiste este sentimiento. He conocido esta sensación antes, y las cosas no salieron como esperaba. La emoción me asusta. Calmo mi alegría con la razón.

La verdad es que me siento emocionada. Me siento sorprendida. Mi cuerpo está completamente despierto. Mi corazón late a un ritmo acelerado. Mis pensamientos bailan. No puedo quedarme quieta. Estoy llena de entusiasmo por lo que está sucediendo y lo que está por llegar.

Aunque este sentimiento de emoción puede generar ansiedad y estrés, no atiendo a esas emociones. En su lugar, dirijo mi atención a Dios con mi emoción.

Una práctica para cuando me siento emocionado

Inhala: *Dios, mi Padre...*
Exhala: *Tú eres bueno.*

Abro mi corazón a ti, Dios.

SORPRESA 25

Me siento emocionado.

Estoy sorprendido por cómo me siento.

La emoción ha sido parte de mi historia. De alguna manera puede que mi emoción no haya sido nutrida o comprendida. En otros momentos, mi emoción puede sentirse incómoda.

Hago una pausa para permitirte atender mi corazón ahora.

Tú, Dios, estás escribiendo algo nuevo en mi vida, y espero con entusiasmo y ansiedad lo que harás.

Dios, quiero ser consciente de la fuente de mi emoción.
¿Es aquello que me emociona realmente de ti, o estoy uniendo tu nombre a ello como un pase libre para hacer lo que quiero?

Examina mi corazón, oh Dios.

Mi vida está al borde de algo nuevo. La bondad de lo que estoy recibiendo me toma por sorpresa.

Mi vida es un milagro. Estoy experimentando la plenitud de lo que eso significa ahora mismo. Mis circunstancias, las personas y las posibilidades que tengo ante mí son todos regalos inesperados. La emoción es mi respuesta a estos regalos. Aunque estoy tentado a controlar los regalos, me resisto. Aunque mi alma puede inclinarse hacia el miedo, me resisto. Por un momento, recibo esta emoción como un regalo ahora.

Aplaudo junto con la naturaleza. Canto en armonía con los sonidos de la salvación. Exploro las posibilidades. Dejo que la emoción encienda mis sentidos. Me asombro ante la vista que contemplo. Miro la bondad presente y la que está por llegar, pero lo que más me maravilla es que tú me conoces y me amas de una manera que nadie más puede hacerlo. Estás escribiendo una historia que me deja asombrado y expectante.

Presento mi vida ante ti con todo lo desconocido y todo lo que está por llegar.

Me deleito en ti.
Gracias, Dios, por esta alegría.

Mi emoción vendrá y se irá.
La melodía de las circunstancias de mi vida cambiará, pero tú, Dios, nunca cambiarás.
Siento mi emoción. La saboreo y me empapo de ella.
Doy gracias por lo que ha pasado, por el hoy y por lo que vendrá mañana.

Incluso aquí, mi corazón se aferra a ti.
Incluso aquí, mis ojos miran a los cielos.
Incluso aquí, mi alma encuentra su mayor satisfacción en ti.

Te encanta darme buenos regalos.

Por esto, doy gracias.

Palabra viva

Te escucharé.

> *Salmos 37:3-6*
> Confía en el Señor y haz el bien;
>   habita en la tierra y cultiva la fidelidad.
> Pon tu delicia en el Señor,
>   y Él te dará las peticiones de tu corazón.
> Encomienda al Señor tu camino; confía en Él, que Él actuará.
> Hará resplandecer tu justicia como la luz, y tu derecho como el mediodía.

decepcionado

descontento porque alguien o algo no ha cumplido tus esperanzas o expectativas

---

El lenguaje de sentirse decepcionado

Yo quería ese puesto. Parecía tan perfecto. Tenía las conexiones adecuadas y tenía las calificaciones correctas, pero al final no funcionó, y me quedo preguntándome por qué, y qué hay de malo en mí. Me siento un poco aturdida.

Lo intenté con todas mis fuerzas. No puedo explicarlo. No tiene sentido. Esta puerta que se cierra se siente como un martillazo en mi corazón. Me siento apagada e incluso molesta. Me da vergüenza haberme emocionado por esta posibilidad desde el principio. Quiero darle sentido, pero no puedo. Planeo una nueva estrategia. Supero mi decepción distrayéndome, pero, sutilmente, la autocompasión, las acusaciones y el abatimiento se filtran. De modo pasivo-agresivo, intento obtener empatía de otros. Me aparto y partes de mí se reprimen. Desearía no haberlo intentado nunca.

La verdad es que me siento decepcionada, lo cual conduce a confusión. Me siento herida, molesta, defraudada. Me siento cansada. Estos sentimientos se adhieren a mí. Siento la decepción en mi cuerpo. Me siento pesada, me duele el cuello, se me tensa la espalda, me duele el pecho. Estoy aturdida.

No quiero abrir mi corazón en absoluto. Si soy sincera, duele más de lo que quiero admitir. La esperanza postergada enferma mi alma. Me quedo aquí. Siento lo que siento sin negociar conmigo misma ni ignorar mis emociones reales. Quiero que las cosas sean diferentes. Estoy cansada, pero lo que quiero más que una vida según mis términos es saber que Dios no se ha olvidado de mí.

Una práctica para cuando me siento decepcionado

Inhala: *Jesús...*
Exhala: *Tú restauras mi esperanza.*

Dios, abro mi corazón a ti.

Me siento decepcionado.

Por un momento, me permito sentir lo que siento.

Examina mi corazón, oh Dios.
¿Cuándo, en mi historia, he sentido este sentimiento antes?

Mis sentimientos de decepción son una señal para mí de que mi alma necesita tu cuidado.

Quiero verme a mí mismo con sinceridad
¿Fueron mis expectativas equivocadas, mal orientadas o poco realistas?
¿Estaban mis esperanzas debidamente ordenadas bajo tu mano, Dios?

Mis deseos no se cumplieron.
Me sorprende cómo resultaron las cosas.

Tenía una profunda esperanza de que algo o alguien hubiera ofrecido una manera de ser libre, encontrar conexión, sentirme valorado o experimentar amor. En cambio, me siento sorprendido, herido, triste, molesto e invisible.

Tal como está, soy incapaz de cambiar mi situación; más bien debo aceptarla.

Entrego mi imaginación a ti.
Suelto un futuro que no puedo controlar.
Abro mi corazón para recibir la vida que me has dado hoy, incluso con sus desafíos.

Derramo mi tristeza ante ti.
Es una tristeza que he sentido antes.
Aunque me siento desorientado, confiaré en ti.
Me encontrarás en mi dolor con bondad.
Cuidarás de mi vida y de mis anhelos silenciosos.

Lo harás.
Confío en que atenderás mis deseos.
A veces dudo de tu buena voluntad para conmigo, pero ayúdame a estar más seguro en tu amor por mí que en cualquier otra cosa.

En cada momento y cada mañana, tú me encuentras.
Incluso cuando solo fijo mi mirada en conseguir algo, estar con alguien o ir a algún lugar, tú me animas suavemente a mirarte a ti.

Sanas mi alma con nuevas misericordias.
Dios, tú me das un nuevo día.
Me concedes una nueva perspectiva.
Me recuerdas que debo desacelerar y ver tus dones.
Tú me escuchas ahora.

Oh, Señor, planta semillas de nueva esperanza en mi alma.

Donde las personas fallan, donde los planes fallan, donde los sueños fallan, donde yo mismo fallo, tus misericordias nunca fallan.

Sí, siento muchas emociones mezcladas.
Sí, la vida y las personas no son como imaginé que serían.
Sí, me siento decepcionado.
Permaneceré y regresaré aquí: a tu amor expansivo.
Tu amor viene una y otra vez como el sol de la mañana.

Restaura mi esperanza, oh Dios.
Pongo mi esperanza solo en ti.
Mis labios continuarán alabándote.

Incluso aquí, te doy gracias; porque a través de mis sentimientos de decepción, tú me encuentras.

Palabra viva

Dirijo mi corazón a tus palabras de vida.

> **Lamentaciones 3:22-23 (NVI)**
> Por el gran amor del Señor no hemos sido consumidos
> y su compasión jamás se agota.
> Cada mañana se renuevan sus bondades;
> ¡muy grande es su fidelidad!

confundido

incapaz de pensar con claridad, incierto

El lenguaje de sentirse confundido

Si termino la relación, tengo miedo de que eso me destruirá; pero si me quedo en ella podría sentirme triste para siempre. ¿Qué es peor? ¿El temor de herir a alguien, o cargar con el peso del dolor indefinidamente? Mi preocupación me consume. No puedo pensar con claridad. Una densa niebla nubla mi capacidad de ver. Cualquier paso hacia adelante parece llevarme por un camino imposible. Me siento insegura. No puedo imaginar un futuro que no implique algún tipo de incomodidad. Postergar una decisión parece lo más seguro, pero también me hace sentir más ansiosa. Quiero recuperar el control. Siento el peso de la responsabilidad sobre mí. Una parte de mí solo quiere huir y escapar de todo. No quiero este desafío delante de mí. Quiero esconderme. Estoy buscando distracciones todo el tiempo.

No soy indecisa. La indecisión es tener claridad sobre las opciones frente a mí pero carecer de la capacidad de elegir un camino. Yo me siento confundida. No tengo la capacidad de ver mis opciones porque el temor nubla todo lo que veo. Estoy atada por muchas cosas. Estoy en conflicto.

Por un momento, me permito sentir lo que siento sin pasar a la acción ni tratar de resolver todo. Siento la pesadez de mi confusión en mi cuerpo. Me siento desconectada, distraída, e incluso desorientada. Algo me está carcomiendo. Mi estómago está revuelto. Mi pecho se siente pesado. Los ojos de mi corazón y mi mente saltan de un lugar a otro. Mis pensamientos se doblan y retuercen.

Quiero muchas cosas, pero más que nada quiero hacer lo correcto ante los ojos de Dios. La lentitud, la oración y la paciencia son difíciles para mí, pero sé que ese es el camino de la sabiduría. A medida que escucho lo que realmente quiero, quiero lo que Dios quiere para mí.

Una práctica para cuando me siento confundido

Inhala: *Jesús, ayúdame...*
Exhala: *A esperar contigo.*

Dios, abro mi corazón a ti.

Me siento confundido.

Por un momento, me permito sentir lo que siento.

Lo siento en mi cuerpo.

Quiero estar atento a cuándo he experimentado este sentimiento antes en mi historia.

El camino a seguir no está claro.
Tengo miedo porque parece que todas las opciones ante mí son difíciles. Tengo miedo.

Ayúdame a ver de qué realmente tengo miedo.

Estoy angustiado.
Mis deseos están en conflicto entre sí.

Estoy fatigado de tratar de resolverlo todo.
Estoy cansado de esforzarme tanto por encontrar una salida.
Mi mente está exhausta de pensar, y mi cuerpo está abatido.
Tiendo a dudar de mí mismo.
Tiendo a dudar de ti.

Pero tú me invitas a detenerme.
Me invitas incluso cuando estoy disperso y mareado.

Me detengo y espero aquí.
Me aparto y recupero la compostura al costado de la calle
del alma.
No tengo que resolver nada en este momento.
No tengo que decidir nada en este momento.
Puedo estar aquí y dejar que me ames en este lugar no resuelto.

Lo que necesito más que nada es tu seguridad de que no estoy solo
en esto.

Dios, en todo lo desconocido, recuerdo lo que sí sé.
Tú eres soberano.
Tú me conoces.
Has caminado fielmente a mi lado hasta este punto.
Nunca me abandonarás.
Siempre has abierto un camino.

Espero, confío y recuerdo que estás cerca.

En mis sentimientos de gran confusión, entrego mi vida a
tu cuidado.
Porque tú eres bueno con los que confían en ti.

Ayúdame a tener la valentía de mirar donde no quiero mirar.
Ayúdame a apoyarme en quienes confío para obtener sabiduría.
Ayúdame a escuchar mi voz y mis deseos más profundos.

Concédeme palabras que sean verdaderas y que me
mantengan firme.
Concédeme la capacidad de ser amable conmigo mismo en todo lo
que sigue siendo desconocido.
Concédeme discernimiento para conocer tu voluntad, y dame
oídos para oír la paz más profunda dentro de mí.

Ayúdame a escuchar la voz de la verdad, para que pueda descansar.

Cuando algunas voces me lleven a una confusión más profunda,
permíteme permanecer fuerte en lo que sé que es correcto, bueno, y
en armonía con quien tú eres y quien me has creado para ser.

Ilumina el camino que deseas que recorra, guiando mi corazón incluso con la más tenue paz y verdad que residen dentro de mí.

Incluso aquí, el temor puede seguir acechándome, pero confío en que tu amor abrirá el camino que me acerque más a ti.

Incluso aquí, doy gracias por mis sentimientos de confusión porque me han conducido hasta ti.

Incluso aquí, bendeciré tu nombre.

Palabra viva

Te escucharé a ti.

> *Salmos 119:34-37 (NVI)*
> Dame entendimiento para seguir tu Ley
>   y la cumpliré de todo corazón.
> Dirígeme por la senda de tus mandamientos,
>   porque en ella encuentro mi solaz.
> Inclina mi corazón hacia tus mandatos
>   y no hacia las ganancias deshonestas.
> Aparta mi vista de cosas vanas,
>   preserva mi vida en tu camino.

incómodo

sentir inquietud o incomodidad

El lenguaje de sentirse incómodo

Recuerdo la noche de la boda. Llevaba un vestido de satén dorado porque era una de las damas de honor. Estaba en el círculo cercano, pero me sentía fuera de lugar. Durante la recepción, con la espalda apoyada contra la puerta del baño, lloré.

Manchas oscuras de máscara de pestañas salpicaron mi hermoso vestido, y me sentí completamente sola. Las lágrimas negras no se quitan del satén dorado, por más que frotes.

Me he encerrado detrás de puertas invisibles que a menudo prometen protección. Puertas como los cubículos del baño, los dormitorios e incluso mi propia piel. He intentado escapar. Me ha costado encajar. Salir de detrás de estos muros de paja se siente terriblemente incómodo. Preferiría esconderme que enfrentar la realidad de mis propios sentimientos de torpeza. Quiero controlar lo que siento. Incluso puedo usar la vergüenza como arma para hacer que otros se sientan mal por hacerme sentir incómoda. Es vergonzoso, pero cierto. Me siento tentada a retirarme. Evito a la persona, el lugar o la cosa que desencadena mi incomodidad. Debe haber algo mal en mí.

De alguna manera lo he logrado. Supero la interacción social. Supero la situación incómoda, pero siempre estoy en tensión porque nunca sé cuándo me sentiré incómoda. A veces aparece de repente y me sorprende. Me siento incómoda ahora mismo. Lo siento en mi cuerpo. Mi pecho se siente tenso y mi estómago está revuelto. Mis pensamientos están dispersos. Me siento incómoda en mi propia piel.

Se me está pidiendo algo. Me siento incómoda porque estoy en una situación en la que no puedo presentarme completamente como soy. Siento que tengo que cambiar o adaptarme a un entorno para sentirme segura o aceptada. No puedo mostrarme tal como soy. No sé cómo ser yo misma. Cuanto más intento ocultar mi incomodidad, más creo que las personas la notan. No quiero sentirme así nunca más. Quiero encontrar un camino para atravesar todo esto donde no esté atrapada por la presión de ser algo o alguien diferente.

Una práctica para cuando me siento incómodo

Inhala: *Oh, Señor...*
Exhala: *Me presento ante ti.*

Me siento incómodo en este momento.

Es una sensación desagradable, pero me permito sentir lo que siento.

He sentido antes que no pertenezco.

Me presento ante ti, Señor.
Mi incomodidad no es una interrupción ni una distracción para ti, Dios.
Tú acoges todo de mí.
No me pides que cambie antes de acercarme a ti.
Más bien, insistes en que me presente tal como soy.

En ti, Jesús, pertenezco.

Ayúdame a apartar la mirada de mis fallas para ver la gracia acogedora que me ofreces, Dios.

Tu gracia me acoge una y otra vez.
Sí, todo de mí.
Yo, con mis diferencias.
Yo, sin nada que ofrecer.
Yo, con mis conflictos.
Yo, que me siento raro.
Yo, que he sido herido o he causado heridas.

La gracia me da espacio para pertenecer, en medio de mis sentimientos desordenados.
No solo una parte de mí.
No solo un fragmento de mí.
Sino todo de mí es bienvenido para entrar, ser visto y ocupar un espacio.

Nunca estuve destinado a vivir una vida donde huya, me esconda o tenga que fingir.
Es a través de mis debilidades como descubro más y más gracia.
Mi incomodidad no es una prisión de la que deba escapar, sino un lugar al que permito que tu gracia entre.
Fui llamado a una vida de gracia.

Mi incomodidad se convierte en mi guía hacia la gracia.
La gracia me lleva de regreso al abrazo interminable de Cristo.
Contigo, Dios, mi identidad está arraigada.
Contigo, Dios, soy completamente conocido.
Contigo, Dios, soy formado en amor.

Pongo ante ti el torpe, desastroso e incómodo lío de lo que soy. Contigo hay una cálida bienvenida.

Palabra viva

Quiero oír lo que tú me dices.

> *Éxodo 4:10-13 (NTV)*
> Pero Moisés rogó al Señor:
> —Oh Señor, no tengo facilidad de palabra; nunca la tuve, ni siquiera ahora que tú me has hablado. Se me traba la lengua y se me enredan las palabras.
> Entonces el Señor le preguntó:
> —¿Quién forma la boca de una persona? ¿Quién decide que una persona hable o no hable, que oiga o no oiga, que vea o no vea? ¿Acaso no soy yo, el Señor? ¡Ahora ve! Yo estaré contigo cuando hables y te enseñaré lo que debes decir.
> Pero Moisés suplicó de nuevo:
> —¡Te lo ruego, Señor! Envía a cualquier otro.

desilusionado

decepcionado porque alguien o algo es menos bueno de lo que habías creído

---

El lenguaje de sentirse desilusionado

Pensaba que te conocía. Pensé que vivíamos bajo un voto tácito de sinceridad. Creí que eras una de las personas en las que podía confiar, pero supongo que no te veía tan claramente como pensaba. Confié en la persona que decías ser. Me equivoqué. Ahora me pregunto qué fue real. Me siento engañada, traicionada.

Quiero entender lo que pasó, porque no tiene sentido. Pienso, proceso, e intento enmendar a la persona o la situación como si fuera un problema con solución. La razón parece mi mayor recurso para superar esto. También quiero aferrarme a la ilusión porque deseo desesperadamente que sea verdad. Desearía que fueras quien decías ser. No quiero sentirme así. Sigo adelante sin procesar la pérdida porque parece la solución más fácil. Pero ¿cómo pude permitir que esto pasara? ¿Qué hay de malo en mí? ¿Cómo pude ser tan ingenua? Creí ciegamente.

Me siento desilusionada. No puedo comprender lo que ha pasado. ¿Cómo es posible que no viera las señales? ¿Cómo es posible que la persona en quien confié no fuera quien yo pensaba? Me siento aturdida. Me siento confundida. Me siento herida. No puedo darle sentido a esto. Sé que esto no es un misterio que deba resolver, sino una historia en la que debo entrar. ¿A dónde voy desde aquí?

Una práctica para cuando me siento desilusionado

Inhala: *Mi Señor Dios...*
Exhala: *Ayúdame a reorientarme hacia lo que es real.*

Abro mi corazón a ti.

Me siento desilusionado.

Por un momento, me permito sentir lo que siento.

Dejo que mi cuerpo sienta este dolor.

¿Cuándo en mi vida me he sentido así antes, Dios?
Fui engañado.
Creí que algo era bueno cuando, en realidad, no lo era.
Tal engaño es desgarrador, doloroso y confuso.
Me quedo en un estado de desconcierto, preguntándome: "¿Qué fue real?".

Dentro de mí dan vueltas sentimientos confusos: ira, tristeza, anhelo, resentimiento y temor.
Mi corazón estaba comprometido.

Dios, no quiero volverme cínico, crítico, cerrado o condescendiente.
No quiero sentirme así para siempre.
No sé qué hacer.

Dios, por razones que no entiendo del todo, esta relación o circunstancia ha sido quitada de mi vida.
No puedo cambiar a los demás, pero puedo controlar cómo respondo.
Ahora estoy entrando en una nueva realidad.
La realidad es que tú permaneces fiel.

Dios, ayúdame a reorientarme hacia lo que es real ahora que mi mundo ha cambiado.
Ayúdame a ver qué es verdadero acerca de ti, de mí y de los demás, en medio de todo lo que es falso.
Ayúdame a pensar con claridad sobre todo lo que es confuso.
Ayúdame a entender lo que es necesario entender.

Dios, redirijo mis ojos hacia ti.
Que mi alma recupere el amor que ha perdido.
Confío en ti con mi ira.
Confío en ti con mi tristeza.
Confío en ti con mi dolor.
Confío en ti con todo lo que permanece desconocido.
Confío en que, en tu voluntad y en tu camino, restaurarás mi alma.

Incluso aquí, estás escribiendo una nueva historia.

Señor, escucha mi oración.

Palabra viva

Tú declaras palabras de vida, y yo escucharé.

> *Efesios 4:32*
> Sean más bien amables unos con otros, misericordiosos, perdonándose unos a otros, así como también Dios los perdonó en Cristo.

conmocionado

resultado de un evento o experiencia repentina y perturbadora

El lenguaje de sentirse conmocionado

Ella estaba aquí, y al segundo siguiente ya no estaba. ¿Cómo, con el sonido de una llamada telefónica, mi vida pudo cambiar tan radicalmente? Siento como si alguien me hubiera golpeado la cara con un guante congelado. Estoy atónita.

Oleadas de incredulidad y confusión pulsan dentro de mí. Casi me siento entumecida, pero hay una tormenta en mi interior.

Me siento conmocionada. No quiero enfrentar esta cosa aterradora. Es muy confusa. Solo quiero recuperar el control sobre mis emociones. Intento controlar a los demás, los detalles, el tiempo o la comida. Solo quiero algo que pueda estabilizarme. Mi cuerpo se siente aturdido. Casi siento que estoy fuera de él. Intento dejar que toda mi conmoción se asiente. Algo significativo ha sucedido. Me agarró desprevenida. La tierra por donde caminaba se ha sacudido. Nada de lo que haga puede cambiar eso. Ninguna acción ahora puede alterar lo que ya se ha hecho. Dejo que las réplicas sacudan mi interior.

No quiero lidiar con mis sentimientos. Se siente como demasiado. Me asusta el daño profundo que pueda haber ahí. Solo quiero seguir adelante. Quiero salir de esto. No puedo manejar nada más, pero la verdad es que no quiero quedar más quebrada por el evento que me ha conmocionado. No quiero que me hiera de modo permanente. Quiero volverme más completa a causa de esto. Quiero encontrar una manera sabia de atravesarlo.

Una práctica para cuando me siento conmocionado

Inhala: *Señor, bajo la tormenta...*
Exhala: *Tú eres mi quietud.*

Ahora me vuelvo a ti, Dios.

Me siento conmocionado.

En la brusquedad de todo, me permito sentir lo que siento.

Presto atención a cuándo en mi vida me he sentido así antes.

Señor, escucho tu voz.
Esto es difícil para mí porque quiero encontrar respuestas
y razones.
Quiero calcular quién tiene la culpa.

Quiero repetir la situación e imaginar un resultado diferente.
Puedo sentirme tentado a apresurarme en esto.
Puedo sentirme tentado a dudar de tu bondad.
Puedo sentirme tentado a evitar el dolor de mi pasado, presente
y futuro.

Sostengo mis sentimientos en mi cuerpo.
Toco mi pecho, mi garganta, mi cabeza. Respiro lento.

Dios, ayúdame.
La única manera de avanzar es con tu ayuda.
Mientras espero que mi conmoción se calme, escucho tu voz.
Te escucho en la quietud.

Tu voz sanadora se encuentra en los susurros tranquilos de paz,
goteando como un suero en mi alma.
Envuelves mi espíritu y absorbes las ondas de choque.
Tú vendas mis heridas.
Incluso tan impactante como puede ser la situación, tú permaneces
absolutamente inmutable y tranquilo.
Te preocupas por mi bien y el de quienes amo.
Intento creer esto, incluso si es difícil.
Aunque no pueda encontrar sentido en el sinsentido de mi vida, me
mantendré firme en ti.

Escucho tus promesas y mi conmoción es sostenida.
Eres mi refugio en mi tristeza.
Eres mi refugio para mi ira.
Eres mi escudo de protección contra mis enemigos.

Eres mi escondite cuando lo único que quiero hacer es esconderme.

Me guías de regreso a puertos seguros.

Hora tras hora, aliento tras aliento, atiendes mi vida y la de quienes están a mi cuidado.
No apresuraré, evitaré, condenaré ni descuidaré mi alma.
Confiaré en que, con el tiempo, reconectarás todo lo que se siente desconectado en mí.
Escucho tu voz en la tormenta.
Abro mi corazón a ti.

Palabra viva

Quiero oír lo que tú tienes que decir.

> *1 Reyes 19:12*
> Después del terremoto, un fuego; pero el Señor no estaba en el fuego.
> Y después del fuego, el susurro de una brisa apacible.

2

temor

Asustado: temer que algo malo sucederá.
Indigno: sentir que tienes un valor limitado.
Impotente: sentir que no hay salida.
Inseguro: no sentirte confiado o seguro, con incertidumbre.
Ansioso: el sentimiento general de evitar otras emociones importantes.
Estresado: tener demasiado que hacer.
Vulnerable: estar expuesto.
Nervioso: temer que algo bueno no sucederá
Abrumado: sentirte enterrado bajo el peso de demasiadas cosas.
Aterrorizado: el miedo que surge cuando algo malo ha sucedido o está sucediendo.
Desesperado: sentir que nada de lo que puedes hacer es suficiente.
Preocupado: estar preocupado por un área específica de tu vida (dinero, salud, trabajo, relaciones, tiempo).
Culpable: temer que te espere un castigo por un crimen o error que has cometido.

asustado

temer que algo malo sucederá

El lenguaje de sentirse asustado

Nuestro hogar estaba lleno de un hermoso caos. La gente se reunía, reía, comía y bebía. Después de que todos se despidieron, me quedé con un creciente temor a todas las cosas malas que podrían suceder: lesiones, accidentes, muerte. El miedo a lo que podría pasarles a quienes amo siempre ronda sobre mí. Los escenarios siempre terminan en muerte. Entro en pánico, doy vueltas e intento ser proactiva. El temor me impulsa. Resuena en los espacios silenciosos. Grita incluso en los lugares seguros. Siento que debo protegerme a mí misma y a quienes amo. Es un modo de vivir agotador, y esta noche estoy cansada, pero no puedo calmar el ruido. No puedo dormir.

En ocasiones trato mi miedo como mi enemigo y lucho contra él. También puedo creer que el miedo es mi amigo y que me ayuda a predecir el futuro. El miedo me consume. Susurra que solamente yo soy responsable del resultado de mi vida.

No me gusta sentir temor. Tengo que deshacerme de este sentimiento. Tengo que controlarlo. Me pongo a la defensiva y al borde. Mi miedo puede ser tan abrumador que quiero evitarlo, distraerme o incluso usar un optimismo falso para superarlo. Me siento pequeña e insignificante. Todo es una amenaza.

Por un momento dejo que mi miedo permanezca, ni como amigo ni como enemigo, sino simplemente como lo que es: un sentimiento. Dejo que llene mi pecho y mis pulmones. Mis hombros se tensan. Dejo que lo que ya está dentro de mí esté completamente aquí. Presto atención a los movimientos de mi alma y al modo en que intento resolver mis sentimientos completamente sola.

Mi temor es profundo. La profundidad de él todavía es desconocida para mí. Eso me asusta. Tengo miedo a vivir sin temor, pero no sé cómo vivir con él. Mi corazón está desordenado. No quiero solo una solución rápida; quiero una sanidad del corazón. Quiero que el temor ocupe el lugar correcto en mi vida.

Una práctica para cuando me siento asustado

Inhala: *Mi Señor y Dios, ayúdame...*
Exhala: *A descansar en ti.*

Dios, aquí estoy.

Me siento asustado.

Presto atención a dónde vive el temor en mi cuerpo.

Permíteme recordar cuándo he sentido miedo antes en mi historia.

Dios, tiendo a buscar seguridad en mi fuerza, mis estrategias y mis horarios.
Tiendo a buscar protección en mi propio poder, prestigio y plan.
Tiendo a buscar refugio en mis recursos, investigaciones y certezas.

En cambio, quiero descansar en ti, Dios, mi Padre.
Eres un lugar suave donde puedo caer cuando estoy en mi espiral.
Me reorientas a la realidad de tu bondad.
Me rescatas cuando todos mis esfuerzos fallan.
Reconcilias mi corazón contigo, con quienes amo, e incluso con mis enemigos.

Por favor, ordena todo lo que está desordenado dentro de mí.
Por favor, vuelve a colocar el temor en su lugar correcto.
Por favor, recuérdame que la oscuridad no es maldad, sino una oportunidad para la intimidad.

En mi temor, me invitas a orar con honestidad.
En mi temor, me llamas a estar cerca de ti.
En mi temor, sacas una silla para que sea amado.

Examina mi corazón.

¿Qué quieres que sepa sobre ti, Dios?

Te confío ahora mismo mi vida.
Confío en que lo que dices es verdad.
Confío en tus palabras: "Tengan ánimo, no teman".

En la tormenta, incluso Pedro titubeó.
Pedro, *la roca de la iglesia*, se hundió como una piedra en el mar.
Tú no exiges perfección.
Me invitas a buscar tus ojos cuando todo a mi alrededor me asusta.

Con todo lo desconocido de hoy y de mañana, busco tu rostro.
Confiaré mi vida a tu cuidado.

Pase lo que pase, en lo que no pueda controlar, en lo que permitas que suceda, confiaré en el gran misterio de tu soberanía y providencia.

Abro mis deseos a ti, Dios.
En el mismo aliento, los entrego.
Así como las olas golpean la orilla, aprendo que tú das y tú quitas.
Incluso cuando las circunstancias no sean como deseo, bendeciré tu nombre.

Entro en tu descanso.
Tú descansaste en la tormenta.
Tú descansaste sabiendo que la muerte no era el peor escenario.
Tú descansaste en el amor de tu Padre.

Abro mi corazón a ti, sabiendo que al experimentar mi temor, también experimento tu amor por mí.
El miedo se convierte en un camino para entrar en tu cuidado.

Por esto, te doy gracias.

Palabra viva

Quiero escuchar de ti.

> *Mateo 14:27*
> Pero enseguida Jesús les dijo: «Tengan ánimo, soy Yo; no teman».

indigno

sentir que tienes un valor limitado

El lenguaje de sentirse indigno

Echo un vistazo a la habitación. Todos parecen tener un lugar aquí excepto yo. Empleo todos mis trucos. Me muevo por la sala. Me presento lo mejor posible. Uso el humor, cuento historias, muestro interés en todos como una manera de tratar de ganar la aprobación de los demás. Busco en la habitación ojos que estén buscando los míos. En realidad, busco a alguien que me apruebe. Me esfuerzo por decir todo lo correcto para que no me descubran como una impostora. Mantengo el espectáculo y evito revelar cualquier debilidad, pero por dentro estoy muy cansada de mantener esta actuación. Estoy muy cansada de hacerlo.

Hacer lo es todo. Trabajar por fuera me hace sentir valiosa por dentro. Si tan solo pudiera mantener la paz, seguir con la actuación, mantener la cara, mantener el lugar, entonces todo estaría bien. Entonces *yo* estaría bien. Busco las miradas de afirmación de los demás para apaciguar mi propio espíritu ansioso. Mido mi valor según cómo me miden los demás. Siempre estoy buscando, luchando y agarrándome a la afirmación.

Intento manejar mis sentimientos. Tiendo a asumir la responsabilidad de cosas que no son mi responsabilidad. Si hay distancia relacional, es mi culpa. Si alguien está decepcionado, es mi culpa. Si alguien está enojado, es mi culpa. Mis esfuerzos por demostrar que soy digna agotan mi energía. Mis propias necesidades se descartan fácilmente si eso significa obtener o mantener cerca el amor.

Dejo que estos sentimientos de indignidad permanezcan por un momento. Les hago espacio aunque preferiría no hacerlo. Incluso presto atención a las historias a las que está conectada esta sensación. Tomo nota de los recuerdos que vienen a mi mente. Por mucho tiempo creí que mis acciones eran el único modo de obtener el amor que deseaba.

Mi búsqueda de dignidad solo me ha llevado por un camino de más y más temor; sin embargo, incluso aquí, quiero creer que mi dignidad se encuentra en Dios. Como el hijo pródigo, quiero conocerte como el Padre que espera mi llegada.

Una práctica para cuando me siento indigno

Inhala: *Padre, ayúdame a ver cómo...*
Exhala: *Vienes a mí.*

Te presento mi corazón.

Me siento indigno.

Esta sensación me resulta familiar. Líneas de indignidad están escritas a lo largo de la historia de mi vida.

Siento esta sensación en mi cuerpo.

Oh, Dios, mi corazón se siente débil, cansado y agotado.
Me preocupa ser "demasiado".
Temo ser una carga, estar demasiado necesitado, o no ser suficiente.

Dios, me abro a ti.
Traigo adelante cada parte de mí que he cortado o condenado.
También traigo mis necesidades, deseos y sueños a la luz del día.

Me traigo a mí mismo.

En respuesta, tú corres hacia mí como lo hiciste con el hijo pródigo.

Antes de poder decir una palabra, corres hacia mí.
Antes de poder presentar mi caso, me buscas.
Antes de poder limpiarme, ahí estás, buscándome.

No vienes por mis acciones, palabras, mi bondad, mis dones, mi confesión o mis ofrendas, sino porque soy tu alegría.
Tu deleite en mí no depende en absoluto de mí.

Ayúdame a ser completamente sincero conmigo mismo y contigo.

Incluso aquí, hay una parte de mí que no quiere amor incondicional.
Quiero ganarlo, lograrlo, merecerlo, y apropiarme el mérito por ello.
Pero también quiero alivio de la carga interminable de demostrar mi dignidad.

He intentado muy duro y por mucho tiempo ganarme mi lugar en la mesa.

Pero tu mesa acoge a los torcidos, insípidos, aburridos, socialmente incómodos y tercos.
Tu mesa acoge a los que llegan tarde, los perezosos, con sobrepeso, cautivadores y mediocres.
Tu mesa acoge a los cansados, tímidos y confundidos.
Tu mesa acoge por igual a las personas sin educación, desorganizadas y con las manos vacías.
Preparas la mesa con los mejores alimentos y cubiertos elegantes.

Yo traigo mis pecados y mis defectos ante ti.

Tú abres la puerta.
Sacas una silla para que me siente. Yo acudo.

Cuando busque los ojos que están buscando los míos, que sean tus ojos los que vea.

Tu seguridad es lo que calma mi alma.
Cuando recibo tu amor, aceptación y paz, ya no tengo que buscar en ningún otro lugar para encontrarlos.

Dios, acudo a ti.
No necesitas que te cuide.
No necesitas que demuestre quién soy.
No necesitas que sea mejor.

Tú miras por la ventana.
Esperas ansiosamente mi llegada.
Invitas a mi corazón cansado a sentarse y ser visto.

Aquí encuentro mi dignidad, completa y final.

Aquí, tú me revelas a mí mismo para que pueda notar que soy visto.
A medida que siento mi indignidad, soy guiado hacia ti.
Aunque sentir lo que siento es difícil, creo que me llevó de regreso a ti.

Por esto, te doy gracias.

Palabra viva

Escucharé y creeré que tú me amas.

Lucas 15:17-20
Entonces, volviendo en sí, dijo: "¡Cuántos de los trabajadores de mi padre tienen pan de sobra, pero yo aquí perezco de hambre! Me levantaré e iré a mi padre, y le diré: 'Padre, he pecado contra el cielo y ante ti; ya no soy digno de ser llamado hijo tuyo; hazme como uno de tus trabajadores'"».

«Levantándose, fue a su padre. Cuando todavía estaba lejos, su padre lo vio y sintió compasión por él, y corrió, se echó sobre su cuello y lo besó».

impotente
sentir que no hay salida

El lenguaje de sentirse impotente

Estoy sola. Con las ventanas abajo, escucho cómo las olas golpean la tierra. Una tras otra llegan. El sonido del agua revolcándose en el fondo del océano refleja la sensación de que mi pecho se colapsa sobre sí mismo. Echo la cabeza hacia atrás. Las lágrimas caen sin esfuerzo con el ritmo de las olas. Quiero arrastrarme hacia el mar y dejar que el agua me lleve, pero mover mi cuerpo parece un trabajo más pesado de lo que puedo soportar; por lo tanto, permanezco en la oscuridad porque aquí la oscuridad es mi compañera. El sonido de todo estrellándose es lo único que puede consolar mi alma.

Me siento impotente.

Quiero salir del pozo en el que me encuentro. Hundo mis dedos en el lodo, agarrándome a las piedras, intentando arañar mi camino hacia afuera. En mi espalda cargo con todo lo que no se puede resolver, todo lo irreparable e insoportable. Quiero detenerme por completo. Ya no puedo más con todo esto. No puedo luchar más contra la tierra, el dolor, las personas y el miedo, así que me recuesto en la oscuridad. Creo que las lágrimas son mi único fin. No solo he perdido la batalla; me he perdido a mí misma.

Todavía estoy aquí, pero la vida se cierra sobre mí sin ninguna salida aparente. La oscuridad me rodea. Me siento asustada. Y ahora, estoy cansada. Muy, muy cansada. He llegado al final de mis fuerzas, y hay casi un alivio. ¿Es posible que Dios pueda encontrarme aquí?

Una práctica para cuando me siento impotente

Inhala: *Señor Dios...*
Exhala: *Tú estás aquí conmigo.*

Abro mi corazón a ti.

Me siento impotente.

Me siento impotente para ayudarme a mí mismo o a los demás.

Lo siento en mi cuerpo.

Examina mi corazón, oh Dios.

Revélame si he sentido esto antes, si alguna vez ocurrió.

Dios, tal vez sea un susurro tenue, una exhalación o un grito, pero lo suelto. Lo dejo ir.
Acepto que ahora mismo me siento impotente.
Estoy cansado de intentarlo.
Estoy agotado de esforzarme tanto.
Ya no sé qué hacer.

Puedo sentirme tentado a perderme en mi dolor.
Puedo sentirme tentado a buscar consuelo en el enojo, el miedo o las acusaciones.
Puedo sentirme tentado a buscar respuestas en mí mismo.

Tengo miedo por los que amo.
Tengo miedo por mí mismo.

Tengo miedo de lo que podría suceder o de lo que ya pasó.

¿Estoy más allá de poder recibir ayuda?

Tú permaneces conmigo en la oscuridad.
Tú permaneces conmigo en mi desesperación.
Tú permaneces conmigo en mi desolación.
Tú permaneces conmigo en lo desconocido.

Que mi silencio, mi más leve suspiro o gemido desde lo profundo de mi ser, sea mi oración.
Dejo que todo mi ser se acurruque junto a todo de ti.
En esta oscuridad, respiro.
En lo desconocido, respiro.
Todavía tengo aire en mis pulmones.

Mi respiración es débil y silenciosa, pero está aquí.
Dios, ¿puede mi aliento ser suficiente?

Dios, tú estás con quienes amo.

Dios, tú estás aquí conmigo.
Dios, tú estás aquí conmigo.
Dios, tú estás aquí conmigo.

Espero que llegue la ayuda.

Espero que tú abras el mar.

Tu nombre está en mis labios.
Respiro.

Palabra viva

Dirijo mi corazón para escuchar tus palabras

> **Salmos 61:1-5**
> Oye, oh Dios, mi clamor;
> Atiende a mi oración.
> Desde los confines de la tierra te invoco, cuando mi corazón desmaya.

Condúceme a la roca que es más alta que yo.
Porque Tú has sido refugio para mí,
Torre fuerte frente al enemigo.
Que more yo en Tu tienda para siempre;
Y me abrigue bajo el refugio de Tus alas.
Porque Tú, oh Dios, has escuchado mis votos;
Tú me has dado la heredad de los que temen Tu nombre.

inseguro

no sentirte confiado o seguro, con incertidumbre

El lenguaje de sentirse inseguro

Miré alrededor del cuarto y todos parecían muy seguros de sí mismos. Todos parecían tan fuertes. Vi su confianza y sentí mis inseguridades. Metí el estómago y recogí mi cabello en una coleta tirante. Cuando llegó mi turno de hablar, tropecé con mi presentación llena de nerviosismo. Recibí risas de lástima como respuesta. El resto del día he estado sobreanalizando lo que dije. Secretamente, esperaba que olvidaran su primera impresión de mí. Me siento insegura. Me siento insegura al pedir ayuda. Me siento insegura por el peso que he ganado. Me siento insegura cuando no sé algo que debería saber. Me siento insegura porque parece que no he hecho lo suficiente. Solamente soy buena ocultándolo, pero si pudieras verme por dentro, lo notarías. Verías cuán rápidamente mi alma se aferra a cualquier cosa para encontrar estabilidad. Verías cómo lucho por ocultarme. Si miras a mis ojos el tiempo suficiente, verás mi secreto. Verás directamente mi corazón inseguro. Verás cuán perdida estoy aquí adentro.

Miro adentro buscando seguridad al recitar frases positivas, leer palabras de afirmación, o aferrarme a los elogios de los demás. Ser más asertiva o agresiva ayuda a esconder cuán frágil me siento por dentro. En lugar de pelear para levantarme, me desconecto de situaciones que perforan la poca seguridad que tengo. Por un momento, hago espacio para sentir mis emociones y prestar atención a mis pensamientos, mi cuerpo, mi historia. Incluso escucho las mentiras que dan vueltas en mi mente. Esto ya ha sucedido antes. Mi alma cae en picado. Me aferro a cosas para sostenerme, pero todo se convierte en polvo. Mis inseguridades son una fuente de dolor. Debe haber otra manera de vivir que no me deje tan ansiosa. Una manera marcada por la paz, el amor y la plenitud. Mi rostro se vuelve hacia Dios, aunque solo quiero centrarme en mí misma.

Una práctica para cuando me siento inseguro

Inhala: *Señor Dios, ayúdame...*
Exhala: *A descansar en mi esencia digna de amor.*

Me siento inseguro. Me permito sentir lo que siento.

Lo siento en mi cuerpo.

Tú me encuentras aquí. Justo en medio de mis inseguridades, tú me encuentras.

En algún momento de mi historia creí que tenía que ser suficiente para mí mismo o para otros y así ganar amor, seguridad o protección. Creí que debía acudir a mi poder para protegerme. En algunos aspectos, fallé en esto. En otros, tuve éxito.

Examina mi corazón, oh Dios.

Revélame las maneras en que mi corazón ha sido moldeado por el temor.

Tú, Dios, me invitas a ser remodelado en el amor.

En tu bondad, me estás despojando de mi capacidad de obtener mi propia seguridad.

Mi voluntad puede fallar. Mis capacidades pueden fallar. Mi personalidad puede fallar. Mi cuerpo puede fallar. Mi desempeño puede fallar. Mi reputación puede fallar. Incluso mi bondad puede fallar. Pero tú, Dios, nunca fallarás.

Todas las cosas y las personas que he usado para hacerme sentir fuerte, las devuelvo a ti.

Con un desapego santo, me niego a usar objetos, relaciones o mi propia fuerza para sentirme fuerte.

No necesito salir de mis emociones; necesito que tú me encuentres en ellas.

Al sentir mis inseguridades, abro mi corazón a ti.

Creo que lo que siento ahora es para mi bien.

Creo que tú estás aquí en medio de mis circunstancias, invitándome a caminar hacia adelante en fe y hacia adentro con una confianza permanente.

Creo que, incluso aquí, tú deseas asegurar mi corazón en mi esencia digna de amor.

Toco mis inseguridades, pero también soy tocado por ti.

Este dolor que siento es tu sanidad en mí.

Esta fragilidad es tu amor fortaleciéndome.

Este temor es una invitación a estar contigo.

Así es como se siente estar completo. Tu amor recoge mis piezas dispersas, me reúne, me moldea y me reforma para ser la persona que tú me creaste para ser. No alguien que debe ser suficiente para conquistar cualquier circunstancia, sino alguien sostenido por un amor fuerte.

Dios, dame valentía para creer que la inseguridad que siento es parte de mi crecimiento.

Dios, dame paciencia para soportar las partes dolorosas de mis circunstancias y así poder vivir plenamente en paz.

Dios, concédeme la sabiduría para permanecer en mi fragilidad el tiempo suficiente para que tu Espíritu una mi corazón en amor.

Dios, que este lugar en el que me encuentro hoy sea un lugar divino donde pueda acoger mi fragilidad y descubrir tu gracia.

No tengo que ser suficiente para ser amado, seguro o protegido.

En cambio, me apoyo en mi esencia digna de amor.

Tú estás aquí. Bendigo tu nombre. Mi Dios, en ti pongo
mi esperanza.

Mis sentimientos de inseguridad se convierten en el camino por el cual tu gracia me encuentra.

Por esto, te doy gracias. Por esto, mi alma alabará tu nombre.

Palabra viva

Escucharé tus promesas

> *Salmos 40:1-4*
> Esperé pacientemente al Señor,
> Y Él se inclinó a mí y oyó mi clamor.
> Me sacó del hoyo de la destrucción, del lodo cenagoso;
> Asentó mis pies sobre una roca y afirmó mis pasos.
> Puso en mi boca un cántico nuevo, un canto de alabanza a nuestro Dios.
> Muchos verán esto, y temerán
> Y confiarán en el Señor.
> Cuán bienaventurado es el hombre que ha puesto en
>   el Señor su confianza,
> Y no se ha vuelto a los soberbios ni a los que caen en falsedad.

ansioso

el sentimiento general de evitar otras emociones importantes

El lenguaje de sentirse ansioso

No puedo ni siquiera recordar cuándo comenzó este sentimiento. Simplemente estaba ahí. Mi cuerpo no puede calmarse. Todo me pica. Un pánico que aumenta lentamente y pulsa en mí hace que sea difícil respirar. Estoy ansiosa. Puedo manejar muchas cosas, pero no esto. El miedo corre por mis venas, y no puedo justificar, organizar, ni convencerme a mí misma de salir de este estado de ansiedad que va en aumento. La ansiedad tiene mente propia. Es la jefa. Intentar recuperar un pensamiento correcto, una postura adecuada, o un plan correcto es agotador. Se libra una guerra dentro de mí. Una parte de mí ha llegado a depender de mi ansiedad, mientras que otra parte aborrece cuánto me incapacita. Mi deseo es simplemente sentirme normal. No tener que lidiar con esto. Desearía que las cosas fueran diferentes. Desearía *ser* diferente.

Me siento obligada a manejar mi ansiedad por mi cuenta. Dejar que otros entren es difícil para mí. Es vergonzoso y complicado tratar de explicar cómo me siento. Hacerme paso entre las opiniones y anécdotas personales de otros agrega otra capa a mis sentimientos complejos. Simplemente sigo adelante con mi ansiedad e intento mantenerme por delante de la amenaza, pero mi ansiedad me supera con mucha facilidad. Mi voz, mi capacidad de decisión y mi intervención desaparecen. Me retiro porque mis sentimientos son muy fuertes y convincentes. *Quizá simplemente así es la vida.* Por un momento dejo que mis sentimientos de ansiedad estén presentes sin luchar contra ellos ni huir de ellos. Siento la ansiedad en mi cuerpo. El miedo está alojado dentro de mí. La ansiedad me retuerce, me agita y me incapacita. No puedo ver un final. Temo que estos sentimientos nunca cambiarán y me quedaré atrapada aquí. Me aferro a la esperanza de que, incluso aquí, Dios puede ayudarme.

Una práctica para cuando me siento ansioso

Inhala: *Jesús, ayúdame...*
Exhala: *A entrar en tu amor.*

Estoy ansioso.

Por un momento, me permito a mí mismo sentir.

Presto atención a dónde siento la ansiedad en mi cuerpo.

Dios, tú me estás invitando a algo.

Algo dentro de mí necesita ser sentido. La ansiedad es una señal que me dice que estoy evitando emociones importantes que no me he permitido sentir completamente.

Por lo tanto, hago una pausa y espacio para los sentimientos que he estado reprimiendo.

Ayúdame, Dios, a dejar a un lado las voces dentro de mí que intentan controlar mis emociones, para que pueda estar atento a mi corazón y a lo que tú tienes para mí.

Examina mi corazón, oh Dios.

¿Qué me estás invitando a sentir bajo mi ansiedad?

Cualquier sentimiento que necesite sentir hoy y de mi pasado, me permito sentirlo ahora.

Siento _____ (enojo, tristeza, duelo, temor, asco, etc.).

Dios, ¿cuándo he sentido esto antes en mi historia?

Dios, por favor, haz tu profunda obra de sanidad en mi vida.

Ayúdame, Dios, a ser curioso acerca de mi dolor y de las heridas que permanecen en mí.

Ayúdame, Dios, a ser amable conmigo mismo mientras entro y siento todo lo que aún no ha sido sentido en mi alma y mi historia.

Regálame palabras para mi corazón.

Dios, esta ansiedad me lleva en un viaje que es bastante doloroso, misterioso y desconocido para mí.

Por favor, Dios, atiende mi dolor.

Por favor, en tu compasión, atiende mi corazón.

Por favor, Dios, en tu gracia, atiende los lugares no sanados dentro de mí.

Tú haces espacio para que mi alma sea vista.

Quieres terminar de escribir las historias no terminadas.

Tú buscas estos lugares agudos y punzantes dentro de mí.

Confío en que mi dolor es el lugar exacto donde tu gracia me está sanando.

Sentir lo que realmente siento es una señal de crecimiento.

En lo profundo de mi ser y en lo profundo de mi dolor, tú estás conmigo.

Contigo no tengo que manejar o solucionar mi ansiedad, ni hacerla desaparecer. Contigo no tengo que hacerme paso, evitarla o esquivarla. Contigo puedo ser genuino sobre todo lo que es bueno, difícil, y aún duele dentro de mí.

Contigo hay un océano de compasión.

Contigo hay un lugar de consuelo.

Contigo soy limpiado.

Que esta ansiedad le recuerde a mi corazón prestar atención a lo que realmente está sucediendo en las aguas profundas de mi alma. A medida que entro en ellas, hago espacio para dejar fluir mis sentimientos. Que pueda encontrarte sanando todo el dolor que nunca me permití sentir antes.

Dale sentido a las sombras dentro de mí. Hazme conocer mi propio corazón. Aclara lo que parece confuso.

Incluso aquí, descubro nuevas partes de mí que están renaciendo, y respiro.

Que pueda ver una fuerza en mí que no he experimentado antes.

Sabré que la sanidad de mi alma está ocurriendo no cuando mi ansiedad desaparezca, sino cuando sea capaz de encontrar gratitud por ella en el camino.

Por lo tanto, Dios, te doy gracias. Aunque mi ansiedad es dolorosa, también es un regalo. Me conduce a una sanidad interior profunda, a la esperanza y, en última instancia, a la cercanía contigo.

Caminaré hacia adentro y hacia adelante, sabiendo que tú, mi Padre, no solo estás conmigo sino que también me guías a los lugares ocultos de mi corazón.

Me apoyo en ti. Me aferro a ti. Te amo y soy amado por ti.

Mi Dios y mi Salvador, amén.

Palabra viva

Quiero escuchar lo que tú tengas que decirme.

> *Filipenses 4:6*
> Por nada estén afanosos; antes bien, en todo, mediante oración y súplica con acción de gracias, sean dadas a conocer sus peticiones delante de Dios.

estresado

tener demasiado que hacer

El lenguaje de sentirse estresado

No tengo tiempo para esto. Hice una lista mental. Mil cosas aún quedan por hacer. Mil cosas que necesitan mi atención. Hoy olvidé almorzar. En su lugar, corregir el error de otra persona ocupó cada segundo libre que tuve. Desde cargar con las necesidades de otros hasta cancelar la cita, apenas estoy logrando continuar. En cualquier momento siento que todo se sacudirá. Si no sigo adelante, las cosas se derrumbarán, y eso sería peor que lo que siento ahora.

Es difícil calmarse. Cuando me siento abrumada, me estreso. Todo parece necesitar mi atención inmediata. El trabajo, la familia, el hogar, las amistades y todas esas pequeñas cosas adicionales se acumulan. El reloj sigue avanzando. Mi garganta se cierra, mi corazón se acelera, mi pecho se aprieta. Me siento ansiosa. Estoy tratando de manejarlo todo. Balancear mi horario, mi tiempo y mis obligaciones parece imposible. Rápidamente me apoyo en mi propia fuerza para que el estrés desaparezca, o culpo a otras personas por ello. Alguien debe tener la culpa de todas las cosas que me quedan por hacer. El enojo, el resentimiento y la irritación se acumulan dentro de mí. Me desquito con personas que no lo merecen.

Si soy realmente honesta, no quiero soltar la carga que llevo. Dejar ir parece la tarea más difícil. Me preocupa que si dejo ir, las personas y las cosas se desmoronarán. Esto hace que mi carga sea aún más insoportable. Permito que mis sentimientos de estrés permanezcan. Intento escuchar a mi cuerpo. Intento escuchar a mi alma. Quiero muchas cosas, pero quiero a Dios más que cualquier otra cosa. Para ser sincera, no siempre actúo como si esto fuera verdad, pero la parte más profunda de mí sí desea lo que Dios quiere para mí.

Una práctica para cuando me siento estresado

Inhala: *Espíritu del Dios viviente, ayúdame...*
Exhala: *A escuchar.*

Este es el lugar donde me encuentro.

Me siento estresado.

Me permito sentir lo que siento.

Siento dónde se aloja el estrés en mi cuerpo.

Dios, siento como si estuviera siendo desgarrado.

Mi mente va en múltiples direcciones. Mi corazón está estirado de un lugar a otro. Mi cuerpo está aquí, pero no estoy presente. Siento miedo.

Desde este lugar, abro mi corazón a ti.

Hago espacio en mi estrés para que tu amor me encuentre aquí.

Si escucho y alimento mi estrés, solamente me estreso más.
Si escucho al miedo, solamente me vuelvo más impaciente.
Si escucho a la presión, solamente me vuelvo más ansioso.

Dios, quiero escucharte a ti.
Dentro de las voces del temor, quiero escuchar tu voz de amor.
Dentro de toda la presión que exige mi atención, quiero escuchar tu voz de amor.
Dentro del agotamiento del peso que llevo, quiero escuchar tu voz de amor.

La resolución de mi estrés llega cuando no intento resolver mi vida por mi cuenta.

Aquí, Dios, te necesito.

Cuando todo y todos tiran de mí, llamo a mi alma a regresar a ti, Dios.

He perdido de vista mi esencia digna de amor. He perdido el sentido de mi propósito más verdadero. Me he perdido en las demandas del día. Me he perdido en la aprobación de los demás.

Aquí y ahora, Dios, que pueda encontrarme de nuevo.

He estado ocupado con muchas cosas, y he descuidado la única cosa que más importa.

La única responsabilidad que tengo en este momento es escuchar tu amor, Dios.

Tú me atraes hacia ti.

Tú me reconstruyes.

En mi estrés, miedo y expectativas abrumadoras, te dejaré ayudarme.
En las circunstancias apremiantes, te dejaré cargar mi carga.
En todo lo que debe hacerse y en todo lo que he dejado sin hacer, te dejaré recogerme.

Señor, mientras me siento a tus pies y escucho tus palabras, encuentro consuelo.
Tu Palabra promete paz (pase lo que pase).
Tu Palabra promete esperanza (pase lo que pase).
Tu Palabra promete protección (pase lo que pase).
Tu Palabra promete presencia (pase lo que pase).

En esto mi corazón encuentra consuelo.
Tú no demandas que haga nada. Me invitas a acudir y recibir amor.

Por favor, reorienta mi mente y mi corazón para verte.
Por favor, concédeme la gracia para pedir ayuda cuando la necesite.

Desde este lugar de permanencia, por favor dame sabiduría para hacer lo próximo y correcto con amor.

Palabra viva

Confío en que las palabras que tú declaras son verdad.

> **Lucas 10:38-42 (NVI)**
> Mientras iba de camino con sus discípulos, Jesús entró en una aldea y una mujer llamada Marta lo recibió en su casa. Tenía ella una hermana llamada María que, sentada a los pies del Señor, escuchaba lo que él decía. Marta, por su parte, se sentía abrumada porque tenía mucho que hacer. Así que se acercó a él y dijo:
> —Señor, ¿no te importa que mi hermana me haya dejado sirviendo sola? ¡Dile que me ayude!
> —Marta, Marta —contestó el Señor—, estás inquieta y preocupada por muchas cosas, pero solo una es necesaria. María ha escogido la mejor y nadie se la quitará.

vulnerable
estar expuesto

El lenguaje de sentirse vulnerable

Dije palabras que no puedo retirar. Palabras que eran verdad, pero que me dejan temblando. Le conté toda la historia a mi amiga y me quedé en silencio. Tengo mucho miedo de que mis propias palabras me traicionen. Me preocupa mucho que ella descubra la verdad y me deje de la misma manera en que yo me dejé todos estos años. Desvío la mirada, pero siento sus ojos sobre mí. Me siento destrozada. No sé cómo hacer esto. El miedo sube por mi caja torácica como si fuera una araña. La ansiedad, como una cuerda elástica, se estira y se tensa en mi pecho. Nunca me he sentido tan expuesta. Mi cuerpo se mueve torpemente. Me siento muy vulnerable, estúpida, expuesta. Quiero desesperadamente escapar de mis sentimientos. Me siento impotente y dolorosamente expuesta. Pienso en maneras de protegerme de nuevo. Necesito salir de aquí. En lugar de eso, me explico demasiado. Me minimizo o me encojo. Me siento tan avergonzada. Quiero borrarme a mí misma. No puedo creer lo tonta que fui al hablar. Mi garganta se cierra y mi corazón late con fuerza. Me sonrojo. Me siento nerviosa.

Me siento vulnerable porque soy vulnerable. Ser humano es ser vulnerable. Es lo que soy; pero no sé cómo hacer esto sin desear desaparecer. Nunca quiero volver a sentirme así y, sin embargo, aquí estoy. Soy incapaz de detener este sentimiento. Está en mí. Es parte de mí. Por un momento, me detengo. Regreso a Dios.

Una práctica para cuando me siento vulnerable

Inhalo: *Jesús...*
Exhalo: *Me escondo en tu amor.*

Te presento mi corazón.

Me siento vulnerable.

Presto atención a dónde reside en mi cuerpo.

Dios, la verdad ha salido a la luz.
Mi vida real está ahí para que otros la vean.

Estoy tentado a estar a la defensiva, explicarme de más y protegerme.
Estoy tentado a descartar, huir o evitar a quienes representan una amenaza.
Estoy tentado a levantar muros y esconderme.

Hay un gemido en mi espíritu.

Dios, ¿podría ser que este sentimiento es el de muerte y vida dentro de mí?

Algo en mí está muriendo mientras otra cosa está naciendo. Te encuentro aquí conmigo en este lugar inestable de soltar y recibir.

A medida que mis muros internos caen, mi cuerpo agoniza, mi espíritu se retuerce, mi corazón se contrae.

Dios, aunque esta vulnerabilidad es dolorosa, siento que también hay algo bueno.

Dios, me invitas a la sanidad.

Me invitas a este renacimiento. Aunque quiero levantar nuevos muros, cerrar la puerta, fortificar mi ciudad o encontrar una ruta de escape, me refreno.

Dejo que tu obra santa se produzca en mi corazón.
Confío en que al ser visto, estoy a salvo.
Más que deshacerme de este dolor, quiero ser podado a la imagen de Cristo. Soporto el incómodo proceso santificador de mi alma por el bien del amor.

Dios, traigo mi desnudez a tu amada presencia.
Regreso a tu cuerpo en la cruz, colgado e inerte.
Tú fuiste expuesto.
Fuiste incomprendido.
Fuiste impulsado a soportar el dolor por amor.
Encuentro unión contigo aquí.

Tú conoces la fragilidad.

Conoces la debilidad.

Conoces la vulnerabilidad.

No importa cuán destrozado me sienta, confío en que tu cuerpo molido pasó a salir limpio de la tumba.
No importa cuán tentado esté a cubrirme, confío en que tu Espíritu está actuando para descubrir la verdad dentro de mí.
No importa cuán aterrador sea ser visto, confío en que tú enfrentaste lo más aterrador.

Porque es en este lugar tierno donde se encuentra la profunda sanidad que necesito.

Mi sensación de vulnerabilidad es, en realidad, un signo de crecimiento.
Dios, dame valentía para verme a mí mismo con claridad.
Me inclino hacia este modo de vida vulnerable.
Es la única manera de amar y ser amado.

En la cruz, tu debilidad se unió a una fuerza insondable.

Confío en que tú, mi consolador y mi luz, me guiarás cuando el camino sea desconocido.

Mi vida está escondida en ti, y contigo hay seguridad.

Estoy siendo amado aquí.

Estoy cobrando vida de nuevas maneras.

Me estoy convirtiendo y desarrollando en quien Tú me creaste para ser.

Respiro a través del proceso de nacimiento.

Aunque este sentimiento me duele por dentro, también creo que me estás haciendo crecer. Tu gracia me sostiene.

Por esto, te adoro. Mi corazón cantará tu alabanza. Mis ojos estarán puestos siempre en ti.

Palabra viva

Te escucharé

> *Isaías 53:5*
> Pero Él fue herido por nuestras transgresiones,
> Molido por nuestras iniquidades.
> El castigo, por nuestra paz, cayó sobre Él,
> Y por Sus heridas hemos sido sanados.

nervioso

temer que algo bueno no sucederá

El lenguaje de sentirse nervioso

Entregué mi solicitud y, al instante, mi interior se descontroló. Estaba bien hasta que todo estuvo fuera de mi control y lo único que quedaba era esperar. Entonces, mi ansiedad apareció. Quiero esto con todas mis fuerzas, y no puedo hacer nada más para que suceda. Todo está fuera de mis manos ahora, y me quedo sosteniendo la posibilidad de la alegría o la posibilidad de la pérdida. No tengo control. Me siento nerviosa. No me gusta sentirme así. Pienso en cosas que podría hacer para que el futuro discurra de cierta manera. *Tal vez si hago esto o aquello, pueda conseguir lo que deseo tan desesperadamente.* Más investigación, más resolución de problemas, más tareas, más ideas creativas, más conversaciones, más contactos.

Cuando eso no funciona, me distraigo. Incluso hay una pequeña parte de mí que quiere abandonar mis deseos por completo. Mis deseos pueden ser dolorosos. Tal vez sería más fácil alejarme. Mi corazón revolotea en mi pecho. Estoy llena de energía. Estoy ansiosa de que esta cosa buena no suceda. Tengo miedo de lo que vendrá si las cosas no salen como espero.

Por un momento, dejo que mi nerviosismo esté presente. No abandonaré mis deseos ni intentaré controlar la situación. Solo permito que mis sentimientos sean. Me están diciendo algo. Quiero un camino hacia adelante que sea fácil y sin dolor, pero tal vez Dios esté haciendo algo en mi alma que todavía no entiendo.

Una práctica para cuando me siento nervioso

Inhalo: *Jesús, hermano y amigo, recuérdame...*
Exhalo: *Tu bondad.*

Dios, abro mi corazón a ti.

Me siento nervioso.
Ayúdame a notar dónde siento mi nerviosismo en mi cuerpo.

Examina mi corazón y ayúdame a recordar cuándo he sentido este tipo de miedo en el pasado.

Mientras espero respuestas, espero contigo.
Mientras espero el resultado, espero contigo.
Mientras espero en la incómoda tensión de lo que podría o no suceder, espero contigo.

Esto es difícil.

En mi angustia por no obtener el bien que deseo, vengo a ti.
En mi miedo a perder algo que anhelo, vengo a ti.
En la esperanza de algo nuevo, vengo a ti.

Dios, tú eres mi bien supremo.
Puedo saber en mi mente que tú eres bueno, pero ahora estoy aprendiendo a experimentar, en mi corazón, que realmente lo eres.

Acepto que no tengo control sobre las circunstancias que hay frente a mí.
Acepto que la mayoría de las cosas están fuera de mis manos.
Aceptar esto no es fácil, pero presento mis manos desnudas ante ti.
Permanezco aquí, con mi corazón vulnerablemente expuesto ante ti.
Me encuentro al borde de mi nerviosismo.
Estoy atado entre obtener algo bueno y la desesperación de no obtenerlo.

No obtenerlo me llevará a enfrentar un dolor más profundo. Un dolor que no quiero. Un dolor que me asusta.

Pero confiaré en ti.

Tú no me has fallado, no me has dejado ni has apartado la mirada de mí.
Confiaré en que, pase lo que pase, tú me sostendrás.
No solo me sostienes, sino que creo que en tu soberanía deseas lo mejor para mi vida.

Dejo ir lo que creo que es correcto y confío en que el camino por el que me guías es para mi bien.
Confío en ti, mi Dios y mi Padre.

Aquí, mi alma está siendo fortalecida.
Aquí, coloco mi cuerpo, mi alma y mi mente bajo tus alas de justicia.
Aquí, creo lentamente que tú, Dios, te interesas por lo bueno en mi vida más que yo mismo.

Te interesas por mis deseos, incluso si no los haces realidad.

Si las cosas salen como espero, por favor, Señor, ayúdame a no apartarme de tu lado sino a darte gloria.

Si las cosas no salen como espero, Señor, por favor, ayúdame a llorar, confiar en ti y bendecir tu nombre.

Te doy gracias incluso ahora, porque es a través de mi nerviosismo como me acerco más a ti.

Tú me encuentras aquí, en mi esperanza vulnerable.

Palabra viva

A cambio, te escucharé.

> *Isaías 41:10*
> No temas, porque Yo estoy contigo;
> No te desalientes, porque Yo soy tu Dios.
> Te fortaleceré, ciertamente te ayudaré,
> Sí, te sostendré con la diestra de Mi justicia.

abrumado

sentirse enterrado bajo el peso de demasiadas cosas

El lenguaje de sentirse abrumado

Me preocupé cuando perdí la llamada. Necesito esa información, y hablar con una persona real es ridículamente difícil. *¿Por qué los sistemas y las personas son tan incompetentes?* Mi miedo aprieta mi pecho como si fuera una cuerda imaginaria. *No tengo tiempo para esto.* No es que la información del seguro que necesito sea demasiado, sino que ya estoy cargando con demasiado. Hoy todo se siente pesado. Mi miedo me pesa. Soy solo una persona, y me preocupa no ser suficiente. Me preocupa que cosas malas sucedan porque no puedo cargar con todo. Mucho ha pasado. Están pasando muchas cosas. Mi cuerpo se mueve, pero mis sentimientos no logran seguir el ritmo. No sé cómo procesarlo todo. Temo quedarme atrás, y me irrito con las personas por cosas que no son su culpa.

Me siento abrumada. Siento la presión de seguir adelante. *Solo sigue adelante*, me digo a mí misma. Al mismo tiempo, me siento impotente y he estado en modo de supervivencia por un tiempo ya. Mi agobio puede convertirse en ansiedad.

Los recursos y tiempo limitados obstaculizan mis esfuerzos. Tengo miedo a no tener lo que se necesita para procesarlo todo. No puedo ver un final ni una salida. Parece que no tengo opción. Me siento tentada a desconectar. Me cierro. Confiar en Dios con todo lo que cargo es difícil.

Una práctica para cuando me siento abrumado

Inhalo: *Padre Dios, ayúdame...*
Exhalo: *A dejar mis cargas.*

Abro mi corazón a ti.

Me siento abrumado.

Me permito sentir lo que siento.
Mi cuerpo guarda mis emociones.

¿Por qué, alma mía, tienes tanto miedo?

Dios,
antes de luchar, cargar con más, o simplemente seguir adelante, quiero detenerme;
antes de desconectar, hundirme en la autocompasión o huir, deseo estar quieto;
antes de hacer cualquier otra cosa, quiero escuchar de ti.

Dios,
no escucho las demandas constantes que me golpean como una tormenta de viento;
no escucho el rugido ardiente del fuego feroz que me va rodeando;
no escucho las circunstancias, expectativas, necesidades o fechas límite que sacuden la tierra de mi alma.

Dios, en mi agobio, atiendo a tu susurro que me invita a acudir a ti.

Ayúdame a distinguir tu voz de la voz de mi carne o del mundo.
Las voces de mi carne y del mundo traen consigo pánico y presión.
Reconoceré tu voz porque, como Elías, cuando la escuche, mi corazón se sentirá visto.

Dame el valor y la curiosidad para escuchar tu voz.

Permíteme ser compasivo y bueno conmigo mismo, como tú eres compasivo y bueno conmigo.

Tú recoges mi corazón con tus promesas.

Dices: *No temas, porque Yo estoy contigo. Yo seré tu refugio. Nada puede separarte de mi amor. Bienaventurados los de limpio corazón, porque ellos verán a Dios* (Isaías 41:10; Salmos 91; Mateo 5:8; Romanos 8:39).

Una por una, dejo mis cargas.

Con santo desapego, dejo todo lo que no me has pedido
que cargue.

Ayúdame a dejar la carga que no es mía y a sostener con delicadeza
lo que sí lo es.

Ayúdame a devolver a las personas la carga que les pertenece: su
dolor, sus consecuencias, sus responsabilidades, sus emociones.
Ayúdame a rendir a ti un futuro que no puedo controlar, el Dios
que tiene todo bajo control.
Ayúdame a seguir adelante no por miedo, sino por el deseo de
ser fiel.

Poco a poco voy soltando el fuerte control que tengo sobre mi vida.
Abro suavemente la mano con la que intento controlar todo.
Creo con vulnerabilidad que tú te interesas por mi vida más que
yo mismo.

No tengo que resolver mi vida por mí mismo; más bien, puedo
acudir a ti por la vida abundante que prometes.

Dios, que camine con tu amor en el centro de mi ser.
Por tu gran amor, soy sostenido.
Dios, que sea fiel en lo que me has dado para cargar hoy.

Es aquí, en mi agobio, donde encuentro tu humildad.
Tú eres un Dios grande que se interesa por mis pequeñas cosas.
No me invitas a salir de mis emociones sino a encontrarte a ti
en ellas.

La espina de mis circunstancias y emociones actuales es el camino
para que tu amor me alcance.

Y por esto, te doy gracias.
Adoraré tu nombre todos los días de mi vida.

Palabra viva

Confío en que lo que tú dices es verdad.

Mateo 11:28-30
Vengan a Mí, todos los que están cansado y cargados, y Yo los haré descansar. Tomen Mi yugo sobre ustedes y aprendan de Mí, que Yo soy manso y humilde de corazón, y hallarán descanso para sus almas. Porque Mi yugo es fácil y Mi carga ligera.

aterrorizado

el miedo que surge cuando algo malo ha sucedido o está sucediendo

---

El lenguaje de sentirse aterrorizado

El accidente de tráfico fue culpa mía, sin duda. Continué cuando el semáforo seguía en rojo. Continué porque iba distraída. Pisé con fuerza los frenos. Crujido, choque, gritos. Maldije. Mis hijos lloraron. El hombre salió de su auto beligerante. Me disculpé una y otra vez. Primero con el hombre al que golpeé y luego con mis hijos.

El accidente quedó horas atrás, pero mi cuerpo todavía siente el impacto. Tengo miedo de lo que está por llegar. Me asusta el daño que hay que reparar. Me preocupa cuánto nos costará mi error. Como fui la culpable, siento que no puedo pedir ayuda. Debo enfrentar las consecuencias de mis actos.

Parte de mí quiere huir, fingir que nada malo pasó y seguir adelante. Otra parte de mí quiere arreglarlo todo. Arreglar a mis hijos. Arreglar el auto. Arreglar mi falla. Quiero manejar mi miedo para sentirme segura otra vez. Incluso quiero defenderme, aunque sé que fui la culpable. Que otros vean mis errores me resulta muy difícil; sin embargo, haga lo que haga, sigo sintiendo miedo.

Dejo que mi miedo permanezca por un momento, sin reaccionar. Mi cuerpo tiembla. Mi espíritu está atrapado. Mis ojos se mueven inquietos. ¿Qué está sucediendo realmente aquí? ¿Qué es lo que realmente necesito hacer? Escucho. Espero. Quiero entender mi corazón. Quiero seguridad, pero también quiero dejar de vivir en un estado constante de alerta. Quiero otra manera de vivir que no esté limitada por el temor.

Una práctica para cuando me siento aterrado

Inhalo: *Pastor de mi alma…*
Exhalo: *Tú eres un lugar seguro.*

Dios, abro mi corazón a ti.

Concédeme discernimiento para saber si mi temor es un indicador de un peligro real. Dame ayuda inmediata si el mal está cerca.

En el nombre de Jesús.

Tú estás más cerca de mí que esta amenaza.
Confío en que caminas conmigo.
En mi miedo, que yo camine contigo.

Dios, mis sentimientos de miedo en este momento son una señal de que mi alma pide más cuidado.

Escucho con gentileza, curiosidad y valentía.
Recuerdo que, en todas las cosas, tu deseo es amarme.

Dios, quiero correr por este valle.
Quiero una salida ahora.
Quiero un escape que sea soportable.
No quiero dolor ni para mí ni para los que amo.
Sin embargo, Dios, todavía no has permitido que mi temor llegue a su fin.
No has eliminado la amenaza.
No has cambiado las circunstancias.
No has hecho que esto sea fácil.
No me has concedido un camino fuera de mi dolor, sino a través de él.

En tu voluntad, has permitido que sucediera lo que sucedió.

TEMOR 75

Desearía que hubiera otra manera.
Un camino sin miedo, enemigos, peligro, oscuridad o muerte.

Pero, Dios, me has dado esta historia.
Me has destinado a este momento en el tiempo.
Me has preparado para este momento con todos los caminos pasados que he recorrido.
Por lo tanto, con renuencia, miedo y dudas, entrego mi dependencia de mí mismo para depender de ti.

¿Qué me queda, sino tú?

Me rescatas a través de una relación contigo.
Es por amor que haces espacio para mí en la mesa.
Es por amor que cuidas cada detalle de mis necesidades.
Es por amor que derramas tu gracia de modo abundante, absurdo y sin medida.

Mi copa está rebosando.

Los enemigos siguen siendo enemigos.
La oscuridad sigue siendo oscuridad.
El peligro sigue siendo peligro.
Pero me siento a tu mesa y recibo tu amor por mí.

Me quedo en esta mesa con todo lo aterrador que siento.
Aquí, tú me sirves.
Aquí, bebo de la copa de tu amor, no de la fuente de mi temor.
Aquí, encuentro alimento en el pan de tu cuerpo quebrado por mí.
Aquí, recibo cuidado: cuerpo, alma y mente.

Ningún trauma puede separarme de tu afecto por mí.
Cuanto más vengo aquí, más sanidad encuentro.
Este lugar de descanso es un hogar para mí, no para ser rehén del miedo sino un lugar donde encuentro seguridad en medio de él.
Al quedarme, sin darme cuenta, en realidad estoy avanzando.

Estoy siendo sanado.
Sí y amén.

Palabra viva

Dios, estoy escuchando

Salmos 23:4-6
Aunque pase por el valle de sombra de muerte,
No temeré mal alguno, porque Tú estás conmigo;
Tu vara y Tu cayado me infunden aliento.
Tú preparas mesa delante de mí en presencia de mis enemigos;
Has ungido mi cabeza con aceite;
Mi copa está rebosando.
Ciertamente el bien y la misericordia me seguirán todos los días de mi vida,
Y en la casa del Señor moraré por largos días.

desesperado

sentir que nada de lo que puedes hacer es suficiente

El lenguaje de sentirse desesperado

Siento una necesidad incontrolable de acercarme a ti. Sé que dijiste que necesitabas espacio, pero cuanto más espacio te doy, más miedo siento. Necesito que me necesites. Arrastrarme parece lo más bajo a lo que puede llegar un ser humano. En realidad parece inhumano; pero aquí estoy, necesitando tu afecto. Aquí estoy, desesperado por recuperarte. Si me aceptas, siento que estaré bien. Me siento horrible. Haré cualquier cosa para no sentirme así. Si eso significa suplicar, lo haré.

¿En qué me he convertido? Me siento desesperada. Este sentimiento me asusta. No quiero estar en este lugar. Dentro de mí hay enojo, desesperación, y también tristeza. Nunca imaginé entregar partes de mí misma para ser aceptada. Estoy tentada a tomar, agarrar, mentir, engañar, exigir, suplicar, gritar, planear, o manipular para obtener algún tipo de control. Mis sentimientos tienen poder total sobre mí.

TEMOR

La autocompasión puede consumirme. Quiero que todos sepan cuán terrible es mi vida, así que llamo la atención hacia mi angustia para obtener consuelo. Sentir lástima de mí misma alivia mi herida, pero no quita mi dolor. Me siento desesperada.

Ahora, aunque es insoportable, dejo que mis sentimientos permanezcan. Escucho a mi cuerpo. El dolor es tan profundo que me resulta doloroso respirar. ¿Cuándo se irá esta sensación? Todo parece difícil. Quiero encontrar una salida, pero en cada giro parece que hay más y más dolor.

Una práctica para cuando me siento desesperado

Inhalo: *Padre Dios...*
Exhalo: *Tú me amas incluso aquí.*

Me siento desesperado.

Lo siento en mi cuerpo.

Examina mi corazón y mi historia, oh Dios.

¿Cuándo me he sentido así antes?

Abro mi corazón a ti.

Dios, mi alma clama por más cuidado.

Me recuerdo a mí mismo, ahora, que la mayor intención que tienes para mi vida es amarme.
Aunque no lo sienta, trato de creerlo.
Soy finito. Soy humano. Estoy aquí.

Dios, tú me invitas a pausar.

No tengo que salir de mis sentimientos o circunstancias por mi cuenta.
No tengo que entrar en pánico o luchar para salir.

Me permito sentir lo que siento.

No tengo que volverme contra mí mismo ni huir.
No tengo que dar a otra persona todo el poder.
No necesito pelear contra mis sentimientos.
Ya no necesito hacer eso.

Pero esto sí puedo hacer.

Dios, puedo acudir a ti.

Puedo seguir mis sentimientos de desesperación hacia la historia más profunda de mi dolor.
Puedo estar abierto y recordar la impotencia que sentí.
Traigo mi cuerpo, mi mente, mi alma y mi corazón a este lugar.

Respiración a respiración.
Estoy aquí.
Incluso ahora, esto es lo que puedo controlar.
Puedo dejar que tú me ames.
Puedo mover mi cuerpo hacia lo que es hermoso, verdadero, bueno y correcto.
Puedo abrir mi alma temerosa a ti.

Dios, me siento atrapado.
Me siento solo.
Me siento devastado.

Siento la oscuridad.
Tengo miedo.

Es difícil respirar.

Jesús, tú conoces la desolación.

Jesús, tú conoces la soledad.

Jesús, tú conoces la oscuridad.

Jesús, tú conoces el miedo.

Encuentro consuelo en saber que tú conoces mi dolor.

No me dejarás aquí, y todo lo que está quebrado será restaurado. Estás haciendo esto incluso ahora.

Confío en que estás cerca.
Confío en que estás conmigo.
Confío en que, de alguna manera y de algún modo, sanarás este sentimiento agonizante.

Caigo sobre ti.

Respiro.

Recibo tu amor.
Recibo mi historia, incluso con todo su dolor.

Confío, incluso ahora mientras siento mi herida, que este es el camino por el que me estás sanando.

Respiro.

Que esto sea mi adoración, oh Dios.

Palabra viva

Ayúdame a escucharte

> **Lucas 22:42-44**
> «Padre, si es Tu voluntad, aparta de Mí esta copa; pero no se haga Mi voluntad, sino la Tuya». Entonces se apareció un ángel del cielo, que lo fortalecía. Y estando en agonía, oraba con mucho fervor; y Su sudor se volvió como gruesas gotas de sangre, que caían sobre la tierra.

preocupado

estar preocupado por un área específica de tu vida
(dinero, salud, trabajo, relaciones, tiempo)

El lenguaje de sentirse preocupado

Deslicé mi tarjeta y esperé ansiosamente. Un pitido estridente señaló que había un error. Me preocupaba que eso pudiera pasar. Fingí estar confundida. "Déjame intentarlo de nuevo", dije, sabiendo que *intentarlo de nuevo* no marcaría ninguna diferencia. Volví a deslizar la tarjeta. Hablé con la cajera mientras mi garganta se cerraba. Le dije que era una tarjeta nueva y que esto había estado sucediendo muchas veces, pero sabía que no era un problema de la tarjeta. Sabía que habíamos llegado a nuestro límite, que estábamos endeudados, sin dinero. El mensaje de error sonó como una alarma nuevamente. Sentí que mis manos comenzaban a sudar. Busqué en mi bolso otra tarjeta. Nada. Aseguré al adolescente que estaba empacando mis compras que regresaría enseguida. Sabía que no lo haría. Salí sintiendo pánico, con una nube de vergüenza creciendo sobre mí como si se acercara una tormenta. Más que nada, estaba preocupada. Estaba angustiada por lo que el estado financiero de mi vida podría significar. Ese único temor rápidamente se convirtió en muchos, y temí perderlo todo.

La preocupación me consume. Si no son nuestras finanzas, es la extraña mancha en mi cuello o el ruido extraño que sale del ventilador. ¿Cuántas noches he pasado despierta recorriendo los pasillos de mi mente, preocupada por el mañana y el día siguiente? ¿Cuántas veces he repasado una conversación? ¿Cuántas veces he revisado y vuelto a revisar el internet, la temperatura, el mensaje? Demasiadas para contarlas.

Por un momento, dejo que mi preocupación esté ahí. Le permito ocupar espacio sin intentar negociar con ella ni domarla. Dejo que me llene por completo sin luchar contra ella. Me siento sola, pero sé que Dios está conmigo. No tiene sentido que pueda saber que Él está conmigo y, al mismo tiempo, sentirme consumida por preocupaciones implacables. No puedo reconciliar lo que mi mente cree que es verdad sobre Dios con el miedo que consume mi corazón.

Una práctica para cuando me siento preocupado

Inhala: *Señor Dios, ayúdame...*
Exhala: *A caminar contigo.*

Me siento preocupado.

Por un momento, me permito a mí mismo sentir lo que siento.

Siento la preocupación en mi cuerpo.

Examina mi corazón, oh Dios, y ayúdame a ver el papel que la preocupación ha jugado en mi historia.

Dios, quiero tener control sobre el futuro.
Tengo miedo.
Quiero que las cosas vayan por cierto camino.
Quiero un camino sin dolor.

Intento estar atento a cada detalle.
Esta vigilancia constante ha dejado mi alma exhausta.
Estoy ansioso por si cometo un error, hago las cosas mal, soy la causa del dolor de otra persona, no soy suficiente, o no sé lo suficiente.

Pero, Señor, no escucharé a la gran tentadora que es la preocupación.
Solo me llevará por un camino equivocado.
Me atraerá hacia futuros a los que tú no me invitaste a ir.

Tengo miedo.
Me dejo caer en mi miedo más profundo.
Realmente tengo miedo al dolor.

¿Y si no puedo evitar que ocurra algo malo?

Al final del peor de los escenarios está el dolor.
Trabajo muy duro para protegerme a mí mismo y a los demás de un resultado así.
Pero tú, Dios, enfrentaste el dolor, no lo evitaste.

Enfrentaste la cruz.
Enfrentaste la muerte.

Enfrentaste el miedo.
Enfrentaste la separación de las relaciones que amabas.

Con valentía, diste pasos hacia lo que causaba que tu cuerpo temblara y se quebrara.

Con convicción, seguiste caminando incluso ante a un gran temor.

Con humildad, buscaste el amor de tu Padre.

Con fe, enfrentaste el abandono.

Para ti, el dolor no era el peor escenario; la muerte eterna y la separación de nosotros lo eran.

Aquí estoy, preocupado y asustado.

Por tu gracia, que pueda refugiarme bajo tus brazos de protección.
Que encuentre la valentía para dar pasos hacia lo que causa que mi cuerpo tiemble y se quiebre, como lo hiciste tú.

Que encuentre la convicción para seguir caminando incluso cuando abunden los temores, como lo hiciste tú.
Que encuentre la humildad para mantener mis ojos en el amor del Padre, como lo hiciste tú.
Que encuentre la fe para enfrentar la pérdida de todo lo que considero valioso, como lo hiciste tú.

El dolor no es mi mayor enemigo; vivir una vida separada de tu amor, sí lo es.
Contigo y en ti, tengo todo lo que mi alma necesita: tú.

Puedo perder mi riqueza; puedo perder mis propiedades; puedo perder mi poder; puedo perder mi salud; puedo perder mi reputación; puedo perder a mis seres queridos; puedo perder mi vida, pero, Dios mío, tú nunca me perderás.

La única manera en que encuentro resolución para mi preocupación es caminar a través de ella con tu amor. No necesito librarme de la preocupación. Necesito atravesarla vulnerablemente contigo.

Ayúdame a creer que soy un detalle al que cuidas con gran atención y cuidado. Ayúdame a vivir la vida que tú me has dado en este momento presente.

Ayúdame a mantenerme aquí, en esta hora, en este segundo, en este aliento: contigo.

Aunque mis sentimientos de preocupación me resultan difíciles, te doy gracias porque, por medio de ellos, estoy aprendiendo que abren un camino para que me encuentre contigo.

Palabra viva

Te escucharé

> *Mateo 6:31-34 (NTV)*
> Por tanto, no se preocupen, diciendo: "¿Qué comeremos?" o "¿qué beberemos?" o "¿con qué nos vestiremos?". Porque los gentiles buscan ansiosamente todas estas cosas; que el Padre celestial sabe que ustedes necesitan todas estas cosas. Pero busquen primero Su reino y Su justicia, y todas estas cosas les serán añadidas. Por tanto, no se preocupen por el día de mañana; porque el día de mañana se cuidará de sí mismo. Bástenle a cada día sus propios problemas.

culpable

temer que te espere un castigo por un crimen o error que has cometido

---

El lenguaje de sentirse culpable

Mentí. No fue una gran mentira. Ni siquiera mentí directamente, pero sí llevé a otros a creer algo que no era cierto. Esquivé la sinceridad como si fuera alérgica a ella. Tenía miedo a ser descubierta, así que evité la vulnerabilidad. Ahora me quedo con la culpa pegada a mí. Ninguna cantidad de justificación o racionalización puede despegarla de mí.

Mi culpa se siente omnisciente y todopoderosa. Deseo con desesperación que desaparezca. Me escondo, disimulo, miento. Hago el bien como una forma de sentirme mejor. Esquivo preguntas directas, evito el conflicto, o siento la necesidad constante de justificar mis acciones. Me castigo con culpas, incapaz de escapar de mi propia condenación. No puedo ver una salida a esta situación. Esto es difícil para mí.

Dejo que mi culpa hierva a fuego lento dentro de mí por un momento. Le permito quedarse sin intentar gestionarla. Es muy incómodo sentirla. He trabajado incansablemente para separarme de mi culpa. Solo quiero sentirme mejor, pero ahora me detengo. Me freno. Me permito sentir lo que siento antes de pasar a la acción. Mi ritmo cardíaco se acelera. Me siento dispersa, apresurada y asustada. Me resulta difícil pensar con claridad. Deseo con todas mis fuerzas ser libre. Oro.

Una práctica para cuando me siento culpable

Inhala: *Dios, mi Padre...*
Exhala: *Tú me amas incluso aquí.*

Me siento culpable.

Examina mi corazón, oh Dios.

¿Cuándo en mi historia he sentido esto antes?

Dios, ayúdame a escuchar.
Ahora mismo, lo único que puedo oír es mi culpa.
Me inunda.

Tengo miedo de ser descubierto.
Tengo miedo del castigo o la condenación.

Dios, ayúdame a saber si esta culpa viene de ti o de otra fuente.

Coloco mi mano en mi cabeza.

Quiero saber si estoy sintiendo una culpa falsa.
¿Estoy intentando cumplir leyes y reglas que tú no me pediste obedecer?
Si no he quebrantado ninguno de tus mandamientos, esta culpa no viene de ti, sino de un dios falso en mi vida.

Dios, si he hecho algo que realmente está mal, busco tu perdón.
Ayúdame a aceptar el perdón.
He pecado contra ti o contra otro.
Dios, perdóname por mi mal.
Sin embargo, incluso al pronunciar estas palabras se provoca un conflicto dentro de mí.
Quiero expiar mi culpa por mí mismo.

Sea orgullo, vanidad, avaricia o justicia propia, en lo profundo de mi voluntad me resulta increíblemente difícil aceptar que no puedo salvarme a mí mismo.
Quiero demostrar lo que valgo.
Quiero restaurarme a mí mismo.
Aborrezco no poder hacerlo.

Coloco mi mano en mi corazón y recibo tu perdón por mis pecados.

Dios, me invitas a sentir mi temor.
La culpa, en su esencia, trata sobre el temor.
He tenido miedo al castigo.
Me ha preocupado ser conocido por quien realmente soy y lo que realmente he hecho.
He tenido ansiedad de que, si se supiera la verdad, no sería amado.

Siento la profunda vulnerabilidad de no ser quien quiero ser.
Esto es doloroso.
Cuando surge el miedo, ayúdame a recibir este sentimiento con gentileza en lugar de esconderme.
Que el temor sea lo que me lleve a ti en lugar de mentir, cubrir y fingir.

Señor, ningún miedo, culpa, orgullo o crimen cometido puede separarme de tu amor.

Coloco mi mano sobre mi vientre.

Tu amor vive en el núcleo de mi existencia.

Dios, ayúdame a recibir tu perdón.

Estás aquí mismo, con bondad, liberándome de la necesidad de ganar, demostrar, u obtener el perdón por mis propias fuerzas. Recibo tu gracia, tu deleite y tu bondad.

Cuando tenga miedo, ayúdame a reaccionar acudiendo a ti en lugar de a mí mismo.

Lo único de lo que realmente soy culpable es de no recibir tu amor.

Abro mis manos.

Abro mi corazón.

Incluso aquí, puedo dar gracias porque es a través de este temor como puedo experimentar tu gracia y comunión.

Palabra viva

Dios, tu hijo te escucha.

Romanos 8:38-39
Porque estoy convencido de que ni la muerte, ni la vida, ni ángeles, ni principados, ni lo presente, ni lo por venir, ni los poderes, ni lo alto, ni lo profundo, ni ninguna otra cosa creada nos podrá separar del amor de Dios que es en Cristo Jesús Señor nuestro.

3

enojo

Enojado: una fuerte sensación de molestia, desagrado u hostilidad.
Agitado: sentirse repetidamente molesto.
Frustrado: enojo cuando los obstáculos interfieren con lo que necesitas o quieres.
Resentido: sentir rencor por haber sido maltratado.
Entumecido: la sensación de no sentir.
Escéptico: cuestionar la honestidad de las acciones o intenciones de una persona.
Furioso: sentir una ira fuera de control.
Perezoso: no querer atender la vida que se te ha dado.
Celoso: querer lo que otras personas tienen.
Molesto: irritado por las necesidades y acciones de los demás.
Fracasado: la sensación de no ser quien quieres ser.
Exhausto: cansancio profundo que alimenta el enojo.
Traicionado: el resultado de que alguien viole tu confianza.

enojado

una fuerte sensación de molestia, desagrado u hostilidad

El lenguaje de sentirse enojado

Quiero estar en cualquier otro lugar excepto aquí. Estoy a punto de perder el control. Puedo notarlo. Siento que el enojo hierve dentro de mí. Está acechando como un prisionero justo detrás de mi caja torácica, ansioso por salir. Intento calmarla. Trato de beber agua, darme espacio y alejarme, pero no puedo escapar de mí misma. No puedo separarme de mis convicciones. No puedo desconectar mi cuerpo de mis sentimientos. Estoy enojada por muchas cosas. Mi ira, como un tornado, arrastra todo lo que veo mal. Todo se arremolina. No me han escuchado. No me han visto. No he tenido un lugar para defender y contar mi versión de la historia. No está bien, no es justo ni aceptable. Mi alma estalla. No puedo sentarme. No puedo procesarlo. No puedo pensar con claridad. Me estoy desmoronando. Estoy muy enojada. Quiero gritar palabras hirientes, entretener pensamientos dañinos, o castigar a otras personas. Estoy atrapada por mi ira. Quiero control. Implosiono en mi interior. Muy fácilmente me convierto en víctima de mi propio enojo. Me pierdo en mis sentimientos. Mi ira se apodera de mí. Lo permito. Mi ira me asusta, incluso a mí misma.

Por un momento, no intento controlar mi enojo sino que simplemente lo siento. Me consume. Me siento impotente. También siento otras emociones. Me siento profundamente herida, traicionada, confundida, incomprendida, invisible.

Explotar o implosionar no puede ser la única salida para lo que siento. Debe haber otra manera que no cause más daño del que ya se ha hecho. Quiero hacer muchas cosas con mi enojo. Aunque hay partes de mí que quieren causar daño, buscar venganza o justificarme, en el fondo no quiero destruirme ni destruir a otra persona. Sé que esas acciones no me producirán libertad sino destrucción. ¿Cómo me aferro a mi enojo cuando es necesario, pero sin usarlo como un arma para causar daño?

Una práctica para cuando me siento enojado

Inhala: *Jesús, compañero y amigo...*
Exhala: *Ayúdame a ser sabio.*

Dios, aquí estoy.

Siento enojo.

Lo siento en mi cuerpo y lo rastreo en mi historia.

Incluso en mi resistencia, por favor ayúdame a hacer lo mejor y lo "correcto" en amor.

Me resisto a alimentar mi enojo con más enojo.
Me resisto a tomar el arma de mi lengua o la fuerza de mi mano para resolver mis sentimientos.
Me resisto a reprimir mi enojo fingiendo que no está ahí, o volviéndolo contra mí mismo.

Tú dices: No se ponga el sol sobre tu enojo.
No me has ordenado reconciliarme inmediatamente con mi ofensor, pero sí me has invitado a estar *con* mi enojo durante el día y la noche.

Quiero ser sincero conmigo mismo.
Sé que en la oscuridad de mi enojo, puedo inventar historias que tal vez no son verdad.
Puedo imaginar planes dañinos.
Puedo creer mentiras que moldean mi pensamiento y mi conducta.

Examina mi corazón, oh Dios.

Mientras permanezco con mi enojo, Señor, guíame hacia mis heridas.
Lleva mi dolor a la luz para que el enojo no pudra mis huesos.
Oh buen consejero, ayúdame a procesar mi dolor de un modo que me traiga plena resolución.

Tú me has dado el enojo como un regalo. Me permite ver mi corazón, la realidad, lo correcto y lo incorrecto. Que pueda usar este regalo como una ofrenda de servicio y no de justicia propia o autodesprecio.

En mi enojo vuelvo mi atención a ti, Jesús.
Vuelvo mi pecho lleno de furia a ti.
Llevo mi frustración, hostilidad y dolor a ti.
Porque tú, Dios, siempre te diriges hacia mí.

Muestro mi alma frustrada.
Muestro mi dolor.
Muestro mi angustia.

Nadie puede manejar completamente mi enojo excepto tú.
A ti no te sorprende.
No me rechazas ni te desmoronas por mi dolor, sino que me revelas mi corazón.

En cambio, me atraes hacia ti.

Tú también conoces la ira.
La has sentido, la has expresado y has recibido la ira de otros.
Reprendiste. Te frustraste. Volcaste mesas.

Conoces la ira humana y no respondiste con furia, sino que, en cambio, sanaste.

Cuando María se enojó contigo por no llegar a tiempo para salvar a su hermano, atendiste a su dolor. Cuando Pedro cortó la oreja de un soldado enojado, la sanaste. Cuando te asesinaron en la cruz, perdonaste.

Tú tomas la ira de las personas.

Eso es lo que haces.

Ayúdame a hablar, gritar o expresar la verdad con amor.
Ayúdame a encontrar un camino hacia adelante.
Ayúdame, oh Dios, a ser sabio con mis palabras y acciones.
Ayúdame a sanar para que pueda ser completamente libre
para amar.

Incluso en medio de este sentimiento ardiente, te doy gracias porque te acercas a mí. Incluso aquí, encuentro consuelo al saber que te importan mi ira, mi dolor y mi sufrimiento.

Palabra viva

Te escucharé.

> *Efesios 4:25-27*
> *Por tanto, dejando a un lado la falsedad, hablen verdad cada cual con su prójimo, porque somos miembros los unos de los otros. Enójense, pero no pequen; no se ponga el sol sobre su enojo, ni den oportunidad al diablo.*

agitado

sentirse repetidamente molesto

El lenguaje de sentirse agitado

Mis hijos me ponen al límite. El tono de voz de mi mamá por teléfono me sigue molestando. Hay cosas acumulándose en todas las superficies, y siento que mi agitación crece. Parece que la gente ha olvidado cómo manejar. Últimamente, todo me molesta. Me molesta incluso que yo me moleste.

El más mínimo roce, los sonidos repetitivos, las necesidades persistentes, el movimiento continuo a mi alrededor, la insensibilidad de otros: todo me afecta. Estoy haciendo lo posible por no perder la paciencia. Hago todo lo que puedo para mantener la calma, pero estoy a la defensiva y tratando de proteger mi espacio. Me siento como una olla a presión a punto de explotar. Siento mi cuerpo acalorado. Todo me golpea a la vez. Las cosas siguen acumulándose. Todo se cierra sobre mí. Todo está fuera de lugar. Todo está mal. No me gusta sentirme así. Necesito y quiero culpar a alguien porque no puedo aceptar que sea mi culpa sentirme así. Quiero una salida. Quiero escapar. Si tan solo puedo controlar la situación, estaré bien.

Grito. Menosprecio. Avergüenzo. Descargo la ira que siento en mi pecho apresurándome, estresándome, abrumándome. Muy fácilmente me convierto en víctima de mis emociones. Me retraigo, me cierro, me desconecto.

Por un momento, me permito sentir lo que siento sin reaccionar. Mi garganta está tensa, mi piel se siente irritada, y mis hombros están rígidos. De alguna manera, siento que mi cuerpo me ha traicionado. Me duele la cabeza. Quiero un modo de salir de esto que no cause más dolor. Estoy cansada. Estoy cansada de sentirme así. Quiero sanidad.

Una práctica para cuando me siento agitado

Inhala: *Jesús, Jesús, Jesús…*
Exhala: *Tú me ves.*

Me siento agitado.

Me permito sentir lo que siento.

Este sentimiento se localiza en mi cuerpo, y noto dónde está.

Dios, me abro a ti.

En algún momento, me sentí ignorado o pasado por alto.
Mi alma no recibió lo que necesitaba.
Mi agitación me agita todavía más.
Revélame qué sentimiento está debajo de mi agitación.
¿Dónde está enraizado mi enojo?

¿Qué necesito?

Dios, necesito espacio.
Aquí y ahora, lo necesito.
Respiro.

Dios, cuando otros o yo no lo hacemos, tú atiendes mi alma.
Inclino mi corazón a ti.
Doy un paso hacia ti en lugar de dar otro paso hacia la amargura o el resentimiento.

Dios, ocupo espacio.
Mi espacio es limitado, pero en tu presencia, Dios, hay espacio ilimitado. Haces lugar para mí.
Respiro.

Mi alma está inquieta dentro de mí.
Mi corazón ha sido ignorado y pasado por alto.
Mi cuerpo anhela ser conocido y amado.
Mi enojo me invita a ver el dolor no resuelto que cargo.

Contigo, hay lugar para que mi dolor salga a la luz.
Tú me das un espacio expansivo.
Un espacio tan vasto como las estrellas y los mares.
Respiro.

Haces lugar para que yo sienta, sufra, me duela y me enoje.
En tu casa no hay reglas.
Me permites hacer un desastre, quedarme con los zapatos puestos, tirar mis cosas al piso.
Respiro.

Aquí soy amado.
Oh buen consejero, atiende mi alma, mi dolor, mi historia.
Atiende la tristeza, el abandono o la soledad que viven bajo la superficie.
Dame consuelo ahora por el consuelo que no recibí en el pasado.
Tú recibes mis necesidades, deseos, desdén, renuncias, expectativas.
Recibes todo de mí.

Perdóname por las veces que he causado daño a otros o a mí mismo con mi ira.
Perdóname por emprenderla con otros antes de escuchar.
Perdóname por las veces en que perdí el control.

Ayúdame a atender lo que más importa ahora.
Muchas cosas son importantes.
Pero estar aquí contigo, oh Señor, es lo que mi alma más necesita.

Dios, en este espacio, atiendes mis necesidades más profundas.

Tú, Señor, eres paciente conmigo incluso cuando yo no lo soy conmigo mismo.
Derramas agua fresca sobre mi corazón ardiente.

Con toda mi agitación, ayúdame.

Concédeme gracia para ser curioso acerca de mi corazón y de las maneras en que tú estás obrando para sanarme.

Concédeme tu bondad.

Concédeme tu compasión por mis defectos y los defectos de los demás.

Dame fuerza para soportar lo que me has pedido cargar.
Dale a mi alma el espacio suficiente para sostenerme cuando me siento asfixiado.

Porque, incluso en mi agitación, puedo tocar tu gracia. Tu gracia es suficiente para la historia que me has dado.

Señor, ten misericordia de mí.

Palabra viva

Inclino mi corazón para escucharte

> *Eclesiastés 7:9*
> No te apresures en tu espíritu a enojarte,
> Porque el enojo se anida en el seno de los necios.

frustrado

enojo cuando los obstáculos interfieren con lo que necesitas o quieres

---

El lenguaje de sentirse frustrado

Nada parece salir como yo quiero hoy. Siento que el tiempo está en mi contra. Desde los semáforos hasta la incompetencia de las personas, me molesta no poder completar lo que necesito hacer. Sistemas mal administrados, que otros no escuchen, las acciones o la falta de acciones de los demás, o una casa desordenada, me alteran porque me impiden alcanzar lo que más necesito: un momento para relajarme.

Estoy más que irritada; estoy frustrada. En un instante, mi ira puede sentirse muy intensa. Si quiero que algo se haga, tengo que usar fuerza. En lugar de explotar, me cierro. Mi enojo se enfría dentro de mí, y me siento impotente. Puedo volverme pasivo-agresiva, resentida o crítica. Mi frustración quizá no se exprese externamente, pero por dentro estoy furiosa.

Mi pecho, mi rostro y mi garganta casi queman.

No quiero hacerme daño a mí misma ni herir a otros. No quiero lastimar a los demás. Parece que no puedo amar bien, aunque ese es mi deseo más profundo. A veces no sé qué más hacer para ser escuchada y conseguir lo que necesito.

Debe haber otro modo.

Una práctica para cuando me siento frustrado

Inhala: *Espíritu Santo…*
Exhala: *Consuélame.*

Abro mi corazón a ti.

Me siento frustrado.

Lo siento en mi cuerpo.

Dios, mis sentimientos de frustración son una señal de que mi alma está pidiendo más cuidado.

Examina mi corazón, oh Dios.

Revélame la raíz de este sentimiento y el dolor del que proviene.

Permíteme ver si hay dolor en mi historia que tú deseas sanar a través del enojo que siento ahora.

Quiero estar contigo como tú estás conmigo.

Dios, mi frustración solamente parece crecer.

Hay cosas que quiero y necesito.

A veces siento culpa por tener deseos.

No quiero ser motivado o movido por culpa o vergüenza, sino por amor.

Mis deseos y los obstáculos que se interponen en esos deseos están en conflicto.
Siento fricción.
Acaloramiento dentro de mí.
Acaloramiento fuera de mí.

Señor, escucha mis necesidades como una oración.

Ayúdame a ser curioso sobre lo que realmente quiero. Ayúdame a ser curioso sobre lo que realmente necesito. Ayúdame a ser amable conmigo mismo y con los demás.
Padre, perdóname si mi frustración me ha conducido al pecado. Ayúdame también a moverme hacia el perdón de aquellos que han pecado contra mí.

Ayúdame a escuchar mi propio corazón con bondad y valentía. Dios, ayúdame a recordar que tu mayor intención para mi vida es amarme.

Tú no apartas tu rostro de mí, sino que lo diriges hacia mí.

Escuchas atentamente mis deseos, anhelos y necesidades.
Llevas mis cargas.
Estás conmigo, aquí.
Mis sentimientos se apaciguan con tu fidelidad.

Más que nada, lo que realmente quiero es comunión contigo.
Quiero que veas mi vida con orgullo y alegría.
Quiero amar de manera generosa y bondadosa.
Quiero que mi vida sea una ofrenda para ti.

Incluso aquí, recuerdo mi esencia digna de amor.
Desde este lugar de frustración, tu amor me invita a la sanidad, la libertad y una mayor paz.
Mi enojo es terreno donde tu gracia cuida de mi alma.
Por esto, te doy gracias.

Palabra viva

Tus palabras son las palabras de vida.
Escucharé.

> *Efesios 4:15*
> Más bien, al hablar la verdad en amor…

resentido

sentir rencor por haber sido maltratado

El lenguaje de sentirse resentido

El otro día, cuando mi esposo estaba fuera de la ciudad y mi agenda ya estaba al límite, alguien dejó a sus hijos conmigo para que los cuidara. Ya estaba ahogándome, y me sentí muy ignorada. Soy la persona de respaldo. Soy quien recoge los cabos sueltos. Yo preparo la comida, planeo el evento, y recuerdo comprar el hielo. La gente sabe que diré que sí, y lo hago. Quiero amar bien, pero me han lastimado. El resentimiento se va acumulando en mí. Lo siento burbujeando. Lo puedo sentir hirviendo a fuego lento. De alguna manera, mi enojo me fortalece. Saboreo mi amargura; tiene un gusto dulce. A veces encuentro satisfacción en nutrir mi descontento. No quiero ser este tipo de persona. Por mucho que esté enojada y dolida, no quiero que mi dolor me envenene.

Confieso que mi mente me lleva por un camino oscuro de venganza. En mi sufrimiento, quiero que otros también sufran, y me convierto en una víctima vengativa. Confieso que también soy tentada a volcar mi sufrimiento hacia adentro. Tengo tendencia a odiarme a mí misma o a reprimir mis verdaderos sentimientos. Me siento frustrada porque *debería* ser capaz de manejar mi vida. Creo que algo debe estar mal conmigo por sentirme así. Mi resentimiento se convierte en amargura y hasta en sensación de sentirme con derecho.

Por un momento permito que mis sentimientos de resentimiento permanezcan. Me resisto a actuar o minimizar lo que siento. Permito que el resentimiento resida en mí sin tratar de resolverlo. Lo siento, y mi cuerpo se tensa. Dejo que todo lo que está conmigo sea como es. Soy consciente de que tengo dolor. Usar poder o asumir impotencia no ha resuelto mis heridas, sino que las ha aumentado. Debe haber otra manera de superar esto.

Una práctica para cuando me siento resentido

Inhala: *Jesús, Jesús, Jesús…*
Exhala: *Ayúdame a bendecir.*

Dios, abro mi corazón a ti.

Siento resentimiento.

Lo siento en mi cuerpo, y me carcome por dentro.

Examina mi corazón, oh Dios, para que pueda ver cómo el resentimiento ha dado forma a mi historia.

¿De dónde vino?

Dios, fui herido.
He sido ofendido, y no está bien.
No fui cuidado, observado o considerado.
Mi enojo se ha convertido en amargura en mi alma.

Dios, tú me invitas a sentir mi enojo, pero no a disfrutarlo.
Me invitas a atravesarlo, pero no a quedar enredado en él.

Estoy en conflicto entre quien soy y quien quiero ser.

Permíteme dejar a un lado la vergüenza falsa para que pueda ver las raíces de mi resentimiento y el verdadero dolor que reside ahí.

Este dolor es real.

Me permito a mí mismo sentirlo ahora.

A veces es difícil sentir, ver y poner nombre.

Pero tú, Señor, ves mi corazón. Ves mi dolor. Ves las maneras en que he luchado.

Ves lo que otros no pueden ver.

Tú, Señor, también sabes lo que es luchar.
Tú fuiste herido.
Se aprovecharon de ti.
Fuiste maltratado.

Entro en tu amor y encuentro consuelo al saber que no estoy solo aquí.

Ayúdame a ser curioso acerca de mi propio corazón y mi historia.
Ayúdame a ser amable y compasivo con mi alma dolida.
Ayúdame a encontrar alivio del resentimiento que me sacude.

Y si no puedo encontrar alivio, Señor, oro para que pueda recibir tu gracia para las cosas que no puedo cambiar. Te necesito aquí. Tú me ves, y ves todo lo que he hecho.

Confío en que estás sanándome incluso en este dolor.
Confío en que tu Espíritu está actuando profundamente en mi corazón.
Confío en que estás escribiendo una historia que va del enojo a la libertad.

Con tu gracia, ayúdame a bendecir a quienes me hirieron.
Dios, ayúdame a no alimentar mi enojo con más enojo sino, por favor, a alimentarlo con tu amor.

Abro mi enojo a ti.

Abro mi corazón a la cruz.

Respiro.
Encuentro consuelo aquí.
Tomo prestada tu oración ahora: *"Padre, perdónalos, porque no saben lo que hacen"* (Lucas 23:34).

Señor, escucha mi oración.

Palabra viva

Quiero escucharte.

Romanos 12:17-21

Nunca paguen a nadie mal por mal. Respeten lo bueno delante de todos los hombres. Si es posible, en cuanto de ustedes dependa, estén en paz con todos los hombres. Amados, nunca tomen venganza ustedes mismos, sino den lugar a la ira de Dios, porque escrito está: «Mía es la venganza, Yo pagaré», dice el Señor. «Pero si tu enemigo tiene hambre, dale de comer; y si tiene sed, dale de beber, porque haciendo esto, carbones encendidos amontonarás sobre su cabeza». No seas vencido por el mal, sino vence el mal con el bien.

entumecido

la sensación de no sentir

El lenguaje de sentirse entumecido

Nos mudamos. No era una mudanza que yo quería. Empaqué cajas y partes de mi corazón. Recientemente he sentido muy poco. No es que no haya pasado nada; es que ha pasado demasiado. Una capa fría vive en la parte superior de mi pecho. No puedo acceder a mis emociones. No quiero acceder a ellas. Este escudo me protege. No puedo abrir mi corazón. Me preocupa que en realidad no me importe. Con todo lo que he tenido que dejar ir y todo lo que he soportado, me pregunto si hay una parte de mí a la que simplemente ya no le importa nada. Sigo con las rutinas de la vida diaria, pero me siento un poco apática, indiferente y entumecida.

Estoy tentada a mantenerme ocupada. Si simplemente sigo adelante, no tendré que sentir los sentimientos que realmente tengo dentro. Me mantengo en movimiento constantemente. Tengo una agenda llena, una vida activa. Mi ajetreo me permite permanecer desconectada de mi cuerpo, mi historia y mi dolor. También quiero aislarme. Me retiro y me cierro. Me aíslo, pero cuando estoy sola me atraen las distracciones porque quiero mantener mi dolor alejado. Lentamente me voy desconectando de mi propio corazón. Cosas como perderme en un libro, las redes sociales o gestionar tareas, me mantienen a salvo de sentimientos no deseados. Por un momento, me quedo con mi sensación de entumecimiento. A menudo la descarto, pero por un momento le presto atención. Escucho a mi cuerpo. Nunca miente. Siento un dolor sordo. Estoy tentada a manejar mis sentimientos sola. Pero, más que nada, quiero estar con Dios.

Una práctica para cuando me siento entumecido

Inhala: *Jesús, Salvador y pastor...*
Exhala: *Quiero estar contigo.*

Me siento entumecido.

Me permito sentir lo que siento.

Abro mi corazón a ti, Dios.

Examina mi corazón y la historia del entumecimiento en mi vida.

He colocado una tapa sobre mi corazón como un modo
de sobrevivir.
Este lugar de no sentir parece seguro.
Hay una parte de mí que intencionalmente pone una señal de *stop*
cuando mis emociones comienzan a asomarse.

Tú ves que intento proteger mi corazón.
Ves cada parte de mi historia.
Ves lo que estoy atravesando.

Incluso cuando me siento desconectado, quiero estar conectado
contigo, Dios.
Tal vez tengas algo para mí aquí.

Quizá haya una manera de enfrentar las cosas difíciles que no
requiera cerrar mi corazón por completo.

Con tu gentileza, ayuda a descongelar mi corazón poco a poco.
Sea lo que sea que necesite sentir, abro mi corazón a ti.
¿Necesito permanecer entumecido?
¿Necesito llorar?
¿Necesito sentir el desorden de mi complicado corazón?

Te pido que prendas lentamente la luz en mi alma.

Quizá tengo miedo de mis verdaderos sentimientos.
Es posible que no sepa qué tan profundos son.
Tal vez me preocupe que una vez que sienta lo que siento, perderé
el control.

Dios, ayúdame a ver cuán cerca estás de mí.

Ayúdame a saber que no tengo que protegerme ni proteger a otros
por mi cuenta. Ayúdame a quitar las capas de mi alma y a sentir la

seguridad que tengo en ti. Ayúdame a no depender de mi habilidad para ser fuerte más de lo que dependo de ti.

Dios, por las maneras en que me has protegido de mi dolor con el entumecimiento, te doy gracias.

Retira lentamente el yeso alrededor de mi corazón cuando sea el momento adecuado. Mientras descubro lo que hay debajo de mi sensación de entumecimiento, te pido tu gracia. Te pido bondad. Te pido valentía y curiosidad para ver mi alma como es en realidad. Ayúdame a encontrar palabras para lo que siento. Una palabra a la vez. Que cada una sea una oración que tú recibes con deleite: *Ni siquiera sé lo que siento. No siento nada. No quiero sentir. Tengo que ser fuerte. Me siento atascado. Todo parece demasiado.*

Despiértame a tu amor incluso aquí.

Señor, que sepa que esta sensación de entumecimiento es un regalo tuyo. Lo recibo con fe, sabiendo que tienes buenas intenciones para mi vida. Tu gracia me encuentra aquí y me guía a tu amor.

Incluso cuando no entiendo mi propio corazón, tú lo haces.

A ti elevo mi alma. A ti acudo. A ti encomiendo mi vida.

Palabra viva

Dios, estoy escuchando

> *Efesios 5:13-14*
> Pero todas las cosas se hacen visibles cuando son expuestas por la luz, pues todo lo que se hace visible es luz. Por esta razón dice:
> «Despierta, tú que duermes,
> Y levántate de entre los muertos,
> Y te alumbrará Cristo».

escéptico

cuestionar la honestidad de las acciones o intenciones de una persona

---

El lenguaje de sentirse escéptico

Alguien con autoridad habló. Escuché palabras, pero no las creí. Sonaban convincentes y seguras, pero mi alma lanzaba una señal de advertencia. No tenía sentido. Me cuestiono a mí misma. Cuestiono mi cordura. Repaso los hechos. Algo no encaja. Lo dejo pasar, pero no puedo olvidarlo por completo. Algo simplemente no está bien. Escuché tus palabras, pero también escucho las mías. Me siento escéptica. Estoy tentada a atacar. Quiero arremeter contra una persona o institución. Tengo tendencia a enfrentar cada escenario a la defensiva. La gente tiende a ser poco confiable.

También estoy tentada a volcarme hacia adentro. Como no puedo confiar en los demás, solo puedo confiar en mí misma. Mi perspectiva es la única correcta. Poco a poco me alejo de relaciones, comunidades, sistemas e instituciones porque me resulta muy difícil confiar en alguien. Mi instinto suele ser acertado. Puedo percibir y ver cosas que otros no pueden. Me niego a ser ingenua o negligente, pero a menudo me quedo sola. Muchas veces me siento enojada, y no sé del todo por qué.

Incluso ahora, antes de reaccionar ante mis sentimientos, simplemente necesito sentirlos. Dejo que mi escepticismo permanezca sin intentar alimentarlo ni combatirlo. Mi ritmo cardíaco aumenta, y noto que estoy sudando. Me cuesta desacelerar. Si estoy equivocada o si tengo la razón, de cualquier manera no quiero vivir siempre cuestionándolo todo y a todos. Quiero paz. Estoy tratando de protegerme, pero también me siento agitada.

Una práctica para cuando me siento escéptico

Inhala: *Padre Dios...*
Exhala: *Ayúdame a confiar en ti.*

Me siento escéptico.

Abro mi corazón a ti.

Dios, ¿es este un sentimiento familiar en mi vida?

Tú me has dado el don de la intuición.
Sé en mi interior si algo o alguien es seguro, pero en algún momento de mi historia, mi discernimiento se desordenó. En lugar de discernir lo seguro de lo inseguro, todo y todos se volvieron peligrosos hasta cierto grado.

Desde mi dolor, el enojo se manifiesta como escepticismo.

Tú, Dios, me invitas a regresar a ti en busca de seguridad.
Personas que debían amarme, de alguna manera me decepcionaron.
Pero tú, Dios, nunca me fallaste.

No quiero abandonar mi instinto, pero tampoco quiero dejar que me domine.

Tú me llamas al discernimiento.
Necesito tu ayuda para saber qué es peligroso y qué requiere fe.
Dios, antes de lanzarme hacia acusaciones, llevo mis preguntas y preocupaciones a ti.

Antes de volcarme hacia adentro, confiando solo en mí mismo, acudo a ti.
Antes de confiar únicamente en mi juicio, miro hacia ti.
Antes de buscar razones para huir, regreso a ti por la seguridad de mi vida y de aquellos a los que amo.

Cristo, sé tú mi brújula.

Aquieto mi alma.

Dejo mi corazón junto a aguas tranquilas.
Desde este lugar de paz, dejo que mis sentimientos estén bajo tu guía.

Señor, ayúdame a resistir el dejarme llevar solamente por
el escepticismo.
No tengo que resolver, proteger o defender a otros, ni a mí mismo,
por mi cuenta.
Renuncio a lo que creo saber por aquello que no sé.

Dios, ayúdame a confiar en ti antes que en mi escepticismo.

Ayúdame a entender que tener un pensamiento no significa que eso
sea lo que pienso.
Ayúdame a hablar cuando deba hablar.
Ayúdame a saber cuándo quedarme y cuándo alejarme.
Ayúdame a honrarte a ti por encima de todas las cosas.

Dios, sana lo que fue herido en mí para que este don que me has
dado pueda usarse como una ofrenda y no como un escudo.

Señor, escucha mi oración.

Palabra viva

Escucharé tus palabras de vida.

> *Proverbios 3:5-6*
> Confía en el Señor con todo tu corazón,
> Y no te apoyes en tu propio entendimiento.
> Reconócelo en todos tus caminos,
> Y Él enderezará tus sendas.

furioso

sentir una ira fuera de control

El lenguaje de sentirse furioso

"¿Cómo puedes dejarnos? Prometiste amarnos. Prometiste quedarte siempre". Escribí esas palabras con furia. El hombre que era como mi familia se fue, y siento que me estoy perdiendo. Mi cuerpo se siente destrozado. Mi corazón late con furia. Siento que realmente estoy perdiendo la razón. Estoy tentada a ser violenta físicamente. Solo quiero sacar este sentimiento de mí. Golpear una puerta, manejar de manera temeraria, gritar o destruir algo parece ser la única manera de liberar la rabia que siento. Uso la ira como una salida de mi dolor. Dirijo mi enojo hacia mí misma. Quiero hacer daño a mi propio cuerpo. Estoy desesperada por encontrar alivio. En los lugares secretos de mi corazón he planeado o imaginado que el mal le ocurra a otro. La rabia puede llevarme a la apatía porque me cuesta creer que este dolor terminará alguna vez.

Por un momento, dejo que este sentimiento me consuma sin pasar a la acción. Dejo que permanezca sin reaccionar ni intentar comprenderlo. Sentir mi enojo es doloroso y poderoso. Me asusta. Me siento fuera de control. Siento calor, inquietud, y que estoy más allá de mi capacidad para recuperar el control. Parece insoportable. Quiero que desaparezca. Quiero una salida.

Una práctica para cuando me siento furioso

Inhala: *Jesús...*
Exhala: *Tú puedes manejar mi enojo.*

Respiro.

Dios, mi alma está desesperada por encontrar cuidado.
Me siento furioso.
Siento rabia.
La intensidad de mis sentimientos me asusta.

Lo siento en mi cuerpo.

No intimidaré a mi enojo ni permitiré que él me intimide.
En cambio, abro mi corazón a ti, Dios, en medio de esto.

Abro, abro, abro.

Mi rabia debe ir a algún lugar.
Libero mi rabia al único lugar que puede recibirla.
La rabia dirigida al perpetrador de mi dolor o hacia mí mismo nunca puede redimir mi dolor.
El único lugar que puede contener mi furia es la cruz.

Jesús, tú recibiste un castigo que no merecías.
Tomaste toda la culpa.
Tomas el dolor de todo lo que está mal en el mundo.
En la cruz, Señor, absorbes mi rabia y me devuelves... amor.

Dios, sé que cuanto más me aferro a mi rabia, más se aferra ella a mí. La única manera en que mi alma, mi cuerpo y mi mente pueden conocer la libertad es avanzar hacia la cruz. Llevo a ti todo mi dolor, mi enojo descontrolado, mis arrebatos beligerantes y toda mi ira aquí.
Estoy desesperado por que mi dolor desaparezca.
Estoy desesperado por un cambio.
El camino para salir de mi rabia es el camino de la cruz, porque aquí no estoy solo.

Al final de mi grito visceral, que el silencio posterior me ofrezca el regalo más sagrado de todos: la libertad.

La ira, liberada en un amor justo y poderoso, es la avenida a través de la cual puede recibirse el amor tierno de Dios.

Aquí, tú entiendes.
Aquí, puedes relacionarte.
Aquí, me recibes.
Aquí, me das aire para respirar.
Aquí, mi ira no destruye sino que es redimida.
Aquí, puedo gritar pero también susurrar un clamor por alivio.

Tú eres mi refugio y mi paz.
Eres mi única esperanza.
Tú, Jesús, eres el camino.

Eres el único que puede sostener mi dolor.
Ninguna cantidad de mi ira puede deshacer lo que hiciste en la cruz.

Cuando hubo violencia en la cruz, tú la soportaste.
Cuando hubo burlas, insultos y lanzamiento de piedras, tú
lo recibiste.
Cuando hubo azotes, maltratos y clavos martillados en tus manos,
tú lo resististe.

Tú también me sostienes a mí.

Te entrego mi furia.
A cambio de mi rabia, tú haces un camino para amarme.
A cambio, me bendices.
A cambio, me prometes que la resurrección llegará.

Incluso aquí, tu gracia se infiltra en mis sentimientos. Incluso aquí, tú me encuentras. Incluso aquí, tú me amas.

Palabra viva

Que tus palabras calmen mi alma.

Efesios 2:3-5
Entre ellos también todos nosotros en otro tiempo vivíamos en las pasiones de nuestra carne, satisfaciendo los deseos de la carne y de la mente, y éramos por naturaleza hijos de ira, lo mismo que los demás. Pero Dios, que es rico en misericordia, por causa del gran amor con que nos amó, aun cuando estábamos muertos en nuestros delitos, nos dio vida juntamente con Cristo (por gracia ustedes han sido salvados).

perezoso

no querer atender la vida que se te ha dado

El lenguaje de sentirse perezoso

Un gran montón de cuentas se acumula en el mostrador. Los sobres cerrados parecen burlarse de mí. Siento vergüenza. Paso de largo otra vez y pienso: *Ahora no*. Estoy muy cansada. Estoy haciendo muchas cosas. Estas cosas son buenas, pero no son las que *debería* estar haciendo. Me entretengo, arreglo cosas, atiendo, miro, me desconecto, hago. Pero todas las cosas a las que dedico mis manos y mi corazón son distracciones. Mantienen mi mente alejada de las responsabilidades que tengo y que no quiero enfrentar, como encarar la realidad de mi aterradora situación financiera. Hago lo justo para evitar las consecuencias o la ira, la decepción y la vergüenza de los demás. Pospongo las cosas. Estoy evitando mi vida haciendo todo tipo de cosas. Pero en realidad, me estoy evitando... a mí misma.

Me siento tentada a consumir comida, placeres, personas o entretenimiento. Tengo una imaginación activa. Tengo grandes ideas, y los planes son una forma de fantasía. Trato de mantenerme ocupada. Estoy activa, pero esas acciones no me acercan a las cosas que nutren mi alma. Más bien, me alejan de ese alimento. Quiero evitar mi dolor y mi enojo.

Sé que la pereza es una condición desordenada de mi alma. Estoy enojada. En lugar de desatar mi enojo o volcarlo contra mí misma, lo alejo. Estoy enojada porque mi vida no va como yo quiero que vaya. En lugar de enfrentar y aceptar responsabilidades, huyo de ellas. No estoy haciendo las cosas que necesito hacer. Puedo hacer mucho o hacer poco, pero, al final, estoy evitando mi corazón y desconecto. Me vuelvo perezosa. Mis acciones están causando dolor a otros. No importa lo buena que sea mi vida, aún no estoy contenta. No quiero perder mi vida desconectándome de ella. Por mucho que quiera no hacer nada, tampoco quiero perder mi vida por la pereza.

Por un momento, dejo que mis sentimientos permanezcan. Me siento pesada y letárgica incluso después de haber descansado. Mi mente no puede procesar las cosas con claridad. Mi energía se agota con pequeñas tareas. Simplemente no quiero hacer las cosas que necesito hacer porque despiertan mi profunda frustración. Siento un temor lento y creciente dentro de mí.

Una práctica para cuando me siento perezoso

Inhala: *Jesús...*
Exhala: *Quiero estar presente en mi vida.*

Dios, examina mi corazón.

Me siento perezoso.

Lo siento en mi cuerpo.

Alma, ¿qué estoy evitando realmente?

Dios, aquello que estoy evitando es el lugar donde tú quieres amarme.

Tengo miedo de enfrentar lo que realmente siento.

Tú, Dios, me invitas a entrar en los lugares que son difíciles de ver.
Quieres que vea mi decepción, arrepentimiento y pecado.
Quieres que vea mis fallos.

No quiero vivir en una fantasía.
No quiero culpar a otros ni dejarme consumir por
la autocompasión.
No quiero rechazar mi dolor, alejarme o ser ingrato.

Ayúdame a aceptar la vida que tú me has dado.
Porque todo lo que mi vida es y todo lo que no es, es un regalo.
Perdóname por las formas en que no la he atendido bien.

Dios, experimento la tensión de mi carencia, mi debilidad y mis deficiencias. Me frustra estar en un lugar donde no quiero estar. Contigo, Dios, mi enojo está seguro. Contigo puedo expresar mis quejas y deseos.

Dios, regreso al cuidado diligente que tienes sobre mi alma.

Incluso en mi molestia, tú me amas.
No me rechazas ni apartas la mirada.
No te avergüenzas de mí.
Haces un camino para que avance.

A pesar de las maneras en que he fallado, estás comprometido a transformar mi corazón perezoso en un corazón dedicado.

Al atender mi enojo, no solo estoy regresando a mi vida sino también a mis pasiones.

Aunque sea difícil, aburrido, frustrante, poco interesante, aterrador o temible, permaneceré fiel a las responsabilidades que me has confiado.

Guíame con tu gracia para pasar de una vida perezosa a una vida conectada.

Gracias sean a Dios.

Palabra viva

Te escucharé incluso si es difícil oír.

> *2 Tesalonicenses 3:11-12*
> Porque oímos que algunos entre ustedes andan desordenadamente, sin trabajar, pero andan metiéndose en todo. A tales personas les ordenamos y exhortamos en el Señor Jesucristo, que trabajando tranquilamente, coman su propio pan.

celoso

querer lo que otras personas tienen

El lenguaje de sentirse celoso

La veo. Inmediatamente me siento alterada. Quiero lo que ella tiene. Quiero su apariencia, su vida, su influencia, su experiencia. Aborrezco sentirme así. No puedo escapar de mis sentimientos de envidia. Se siente como veneno en mi sangre. Me enferma. Ella me hace sentir enojada. Donde sea que vaya, la veo. La veo en mi memoria, en mi mente, frente a mí. No es justo. ¿Por qué nadie más puede ver lo que yo veo? Como un juego en el que nadie más participa, me comparo con ella y compito. Este sentimiento me está consumiendo por dentro. Me siento celosa.

Cuando la envidia me consume, me siento tentada a justificarme. Trato de probarme a mí misma que tengo la razón y que debería sentirme así. Intento manejar mi frustración. Si logro distraerme, podría escapar de ella, pero con frecuencia termino cayendo en el chisme o dejando escapar comentarios hirientes para obtener algún tipo de reacción. Busco validación. Me convierto en una víctima de mis sentimientos. En lugar de luchar contra ellos, los alimento. Vivo en una fantasía impulsada por el poder. He estado muy enojada. Por mucho tiempo he creído que el amor es un recurso limitado, un juego de suma cero. Cuanto más obtienen los demás, menos queda disponible para mí. Si quería amor, tenía que conseguirlo. Mi corazón tiene una comprensión desordenada de cómo actúa el amor. Alimentar mi envidia está pudriendo mi alma.

Dejo que mis sentimientos permanezcan por un momento. Recuerdos e imágenes inundan mi mente. Experiencias dolorosas del pasado me presionan. Estoy muy avergonzada de mi envidia. No quiero que nadie sepa cuán profundamente albergo estos sentimientos. Mis emociones me están diciendo algo. Es una realidad dolorosa. Estoy profundamente insatisfecha con mi propia vida.

No quiero vivir así, pero no sé qué más hacer.

Una práctica para cuando me siento celoso

Inhala: *Jesús...*
Exhala: *Perdóname.*

Me siento celoso.

Lo siento en mi cuerpo, y pudre mis huesos.

Dios, abro mi corazón a ti.

Deja al descubierto mi corazón.

Aunque sea doloroso, dejo mi corazón abierto delante de ti.

Estoy deseando algo que no me has dado, oh Dios.

Busco afecto y atención.

Persigo admiración y atracción.

Estoy deseando, anhelando y codiciando algo o a alguien que no es mío.

En la ausencia de este objeto, me queda un vacío que carcome mi corazón.

Día y noche me carcome.

Mi mente no parece encontrar una salida. Mi corazón se acelera. Mi espíritu lucha. No puedo pensar con claridad.

Siento mi envidia ahora, pero ya la he conocido antes. Me ha atravesado como una espina a lo largo de mi vida.

Revélame la raíz de mi dolor.

¿De qué maneras no fui amado como necesitaba serlo?

Dios, ¿cómo no fui visto, escuchado o atendido por mi mamá o mi papá?

El amor que no recibí me motiva a buscarlo en otras personas y lugares.

No quiero seguir así.

No quiero vivir tratando de obtener más y más amor de algo o alguien que nunca podrá llenar el vacío que tengo.

Padre, perdóname por la envidia que he albergado en mi corazón.

Perdóname por usar a otros o cosas para intentar resolver el dolor que tengo.

Contigo soy purificado.

Revélame mi corazón.

Dios, quiero otro camino.

¿Podría tu Espíritu redimir mi corazón?
Espíritu, sana mi herida. Quiero estar completo. No quiero aferrarme o codiciar una vida que no es mía.
Espíritu, que tu amor llene los lugares solitarios de mi historia y traiga restauración.

Recuérdame tu presencia amorosa conmigo en los días y las noches en que mi corazón no fue visto, notado o cuidado.

Mi vida es un regalo.

Tú me viste entonces y me ves ahora.
Mi vida no siempre es como la imaginé.
No siempre parece justa, pero es mía.
Respiro este aire.
Tengo este cuerpo.
Estoy vivo.
Comparto espacio con personas que agudizan mi necesidad de ti.

Me siento expuesto.

Y, aun aquí, tu amor es paciente conmigo.
Tu amor es amable.
Tu amor es misericordioso.
Tu amor es gentil y me guía.

Señor, escucha mi oración y mi clamor por ayuda.

Incluso cuando mi envidia queda al descubierto, también soy tocado por tu gracia.
Sí, Señor, este es el lugar donde tu amor me encuentra, me atrae y me atiende.

La envidia parece estar fuera del camino de la bondad, pero me has traído aquí para ver la verdad de mi corazón, para que pueda ser renovado, sanado y liberado.

Incluso cuando deseo un cambio inmediato, acepto el crecimiento lento que estás causando en mí.

Este lugar donde me encuentro es evidencia de tu amor por mí.

Por esto, te doy gracias.

Palabra viva

Escucharé tus palabras de amor.

> *1 Corintios 13:4-7*
> El amor es paciente, es bondadoso. El amor no tiene envidia; el amor no es jactancioso, no es arrogante. No se porta indecorosamente; no busca lo suyo, no se irrita, no toma en cuenta el mal recibido. El amor no se regocija de la injusticia, sino que se alegra con la verdad. Todo lo sufre, todo lo cree, todo lo espera, todo lo soporta.

molesto

irritado por las necesidades
y acciones de los demás

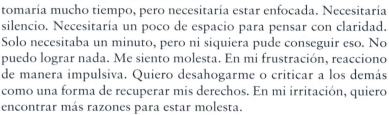

El lenguaje de sentirse molesto

Tenía una sola cosa que debía hacer. Una llamada telefónica. No tomaría mucho tiempo, pero necesitaría estar enfocada. Necesitaría silencio. Necesitaría un poco de espacio para pensar con claridad. Solo necesitaba un minuto, pero ni siquiera pude conseguir eso. No puedo lograr nada. Me siento molesta. En mi frustración, reacciono de manera impulsiva. Quiero desahogarme o criticar a los demás como una forma de recuperar mis derechos. En mi irritación, quiero encontrar más razones para estar molesta.

Me siento tentada a ignorar mi molestia, a dejarla a un lado: *No debería estar molesta. Siempre es mi culpa. ¿Qué me pasa por sentirme así otra vez?* Me culpo por no ser quien quiero ser. Mi enojo parece estar fuera de mi control.

No me gusta sentirme así. Ni siquiera sé cuándo comenzó, pero el enojo aumenta en mí. Me siento irritada y a la defensiva. Mi mandíbula se tensa. Me aferro a mi molestia para justificar mis acciones. Me pregunto si existe un modo de atravesar mi enojo que no cause daño, sino sanidad.

¿Qué es lo que realmente quiero?

¿Qué es lo que realmente necesito?

Una práctica para cuando me siento molesto

Inhala: *Jesús, ayúdame...*
Exhala: *A recuperar mi paz.*

Me siento molesto.

Me permito a mí mismo sentir lo que siento.

Lo siento en mi cuerpo.

Examina mi corazón, oh Dios.

Revélame en qué momentos de mi vida me he sentido así antes.

Mi corazón está a la defensiva. Me siento irritable y a punto de explotar. Trae calma a mi estado de ánimo.

Noto cómo mi mente reacciona ante mi frustración. Puedo enfrentarla, huir de ella y reprimir mi enojo.

Por este momento, ayúdame a seguir mis sentimientos de molestia. Ayúdame a permanecer cerca de ti mientras lo hago.

En lugar de tratar de arreglar las cosas, tú me invitas a sentir.

Me invitas a abrir mi corazón a ti y orar.
Justo en medio de mi irritación, tú estás aquí.
Mientras expreso mi agitación, tú estás aquí.

Tú escuchas y no intentas enmendarme porque quieres oír más.
Tú escuchas las cosas que me molestan.
Escuchas lenta y cuidadosamente mi dolor más profundo.

Dios, calma mi corazón.

¿Qué es lo que *realmente* me molesta?

Ayúdame a ver mi verdadero dolor.
Mirar hacia adentro puede sentirse complicado y abrumador.
Es más fácil sentir molestia que enfrentar la angustia real que me trajo aquí.

Tengo una profunda sensación de inquietud dentro de mí.

Quizá tengo insatisfacción con mi vida. Tal vez tengo enojo y resentimiento no procesados que se están gestando dentro de mí desde mi pasado. Quizá necesito sentir lo que reside en las cuevas ocultas de mi corazón.

Señor, trae a la luz lo que quieres que sepa sobre mí mismo. Permíteme ver dónde reside el dolor. Quiero algo que no puedo obtener. Quiero libertad, amor, conexión, control, espacio, intimidad, paz. Me siento impotente para cambiar la realidad de mi vida o cambiar a los demás para obtener lo que tanto deseo. Aquí es donde realmente nace mi enojo.

Dios, estás tomándote tu tiempo conmigo. Eres consciente de mi insatisfacción. Conoces mi desesperación por encontrar otro camino, uno más fácil. Me impaciento por el cambio, pero tú me invitas a bajar la velocidad. Me invitas a ser gentil, amable y curioso con mi propio corazón. Me invitas a verme con honestidad y a confiar mi vida a tu buena voluntad.

Dios, ayúdame a ser paciente.
Ayúdame a ser paciente con el proceso.
Ayúdame a ser paciente con los demás.
Ayúdame a ser paciente conmigo mismo.
Quiero recibir la vida que me has dado con gracia, esperanza y amor.

Entro en tu lentitud, compasión y cuidado por mi vida, Dios.

Moldea mi corazón, en amor, para crecer en paciencia.

Te doy gracias por este momento porque, a través de mis sentimientos de molestia, estás esculpiendo un camino para que mi dolor entre en comunión contigo.

Una y otra vez, regresaré a ti.

Te adoraré incluso en este lugar de incomodidad.

Volveré mi rostro hacia ti. En ti hay calma.

Palabra viva

Espero en ti.

> **Santiago 1:19**
> Esto lo saben, mis amados hermanos. Pero que cada uno sea pronto para oír, tardo para hablar, tardo para la ira.

fracasado

la sensación de no ser quien quieres ser

___

El lenguaje de sentirse un fracasado

Me equivoqué. Me perdí la actuación escolar de mi hija. Ella subió al auto y lloró. Era su momento de brillar, y lo perdí por completo. Nunca podré recuperarlo. No puedo borrar de su mente este recuerdo: que su mamá no estuvo allí cuando todas las demás mamás sí estaban.

Siento que me he decepcionado a mí misma y también a los demás. Me pregunto si alguna vez lograré hacer las cosas bien. Me temo que no. Quien quiero ser y quien realmente soy están en conflicto. La culpa pesa mucho sobre mí. Cada área de mi vida está teñida de errores: maternidad, matrimonio, amistades, vocación, salud, belleza, cuerpo. Aborrezco no poder ser la persona que quiero ser. A pesar de todos mis esfuerzos, siempre me quedo corta. Mi hogar necesita ser atendido. Las relaciones necesitan cuidado. Los horarios requieren mi atención. Mi reputación debe mantenerse. No puedo decepcionar a las personas. No puedo fallar a nadie. Me esfuerzo. Me apresuro. Siempre soy consciente de lo que me queda por terminar. Me siento como un fracasado.

Estoy tentada a manejar mis sentimientos esforzándome aún más. Sigo adelante con fuerza. Siento la presión de hacer más, intentar más, esforzarme más. Aunque es difícil, escucho esa presión y respondo presionándome todavía más. También soy tentada a responder volviéndome introspectiva. Me vuelvo autocrítica y dirijo mi ira hacia mí misma: *¿Qué me pasa? Debería ser mejor a estas alturas. Nadie* *entiende. Es mi culpa. Soy responsable de todo.* Me siento impotente. Mi alma se siente frágil, agotada, desgarrada e inquieta. Aquí estoy.

Por un momento, dejo que mis sentimientos de fracaso permanezcan. Es incómodo sentir estos sentimientos. Tengo miedo de enfrentar la profundidad de mi fracaso. Es mucho más fácil esconderme de ello o apresurarme a superarlo. Me tenso; es difícil respirar. No estoy segura de qué más hacer.

Una práctica para cuando me siento un fracasado

Inhala: *Mi Señor Dios...*
Exhala: *Escucha mi oración.*

Me siento como un fracaso.

Por un momento, dejo a un lado las fuertes voces que intentan dictar mis sentimientos.

En cambio, abro mi corazón a ti.

Dios, mi alma necesita cuidado en este momento.
En mi estado frágil, puedo sentirme tentado a volcarme hacia cualquier cosa excepto a ti.
Puedo sentirme tentado a defenderme o atacarme a mí mismo.
Pero sé que tu presencia conmigo es mi mayor forma de protección.

Dios, por mucho tiempo creí que no podía ser amado en mis fracasos.
Mi historia está escrita con la presión de tener éxito, el deseo de ocultar debilidades, y la necesidad de ser fuerte.

Tú estabas conmigo cuando no fui plenamente amado en mi quebranto.

Viste que, cuando mis debilidades eran expuestas, recibía ira, vergüenza o culpa de quienes debían cuidarme.
Sabes que tuve que ser fuerte para poder sentirme seguro.

Quiero amor.
He buscado amor incondicional poniendo condiciones para

conseguirlo, pero el tipo de amor que realmente quiero no puede ser adquirido.
Solo puede llegar al aceptar mis limitaciones.

Dios, tú acoges mis debilidades, pero me resulta extremadamente difícil sentirlas.
Batallo para soltar las expectativas que tengo para mí mismo y mi necesidad de control.
Dios, quiero ser Dios.

Sin embargo, tú me invitas a una nueva historia.
Una historia donde mis sentimientos de fracaso no sean ocultados, sino expuestos por tu luz de amor.

Tú llamas suavemente a mis debilidades a salir.
Infundes gracia, compasión, deleite y amor a mi fragilidad.

Ayúdame a recibir mis debilidades, hacerlas mis aliadas y permitirles quedarse.
Siento cómo mis fracasos me pinchan, me molestan y me irritan, pero antes de recurrir a la autocorrección o la condena, abro mi corazón a ti. Tu fidelidad me encuentra en mis fracasos y me ofrece la libertad que mi alma anhela profundamente.

Mientras abrazo mis limitaciones, soy abrazado por tu gracia. Una gracia que me ama a pesar de todo lo que me falta. Tu gracia canta sobre mí: "Te basta Mi gracia, *pues Mi poder se perfecciona en la debilidad*" (2 Corintios 12:9).

No has permitido que falle como una forma de castigarme. Me has dado un "no" en mi vida no como una prisión, sino como un lugar para descubrir tu presencia. Aceptar este "no", es una invitación a tu gracia para la historia que me has dado, Dios.

Aquí, mientras tu gracia me acoge, puedo darte gracias.

Palabra viva

Señor, escucho.

2 Corintios 12:8-10
Acerca de esto, tres veces he rogado al Señor para que lo quitara de mí. Y Él me ha dicho: «Te basta Mi gracia, pues Mi poder se perfecciona en la debilidad». Por tanto, con muchísimo gusto me gloriaré más bien en mis debilidades, para que el poder de Cristo more en mí. Por eso me complazco en las debilidades, en insultos, en privaciones, en persecuciones y en angustias por amor a Cristo, porque cuando soy débil, entonces soy fuerte.

exhausto

cansancio profundo que alimenta el enojo

El lenguaje de sentirse exhausto

Entré en la casa después de un largo día y miré a mi alrededor. Era un desastre. Basura en el piso, tazones sucios sobre la mesa, proyectos de arte de la noche anterior aún sobre el mostrador de la cocina. Nadie más parece darse cuenta del caos. Incluso cuando los niños se reían con un video divertido, no puedo unirme a su alegría porque siento que todo dentro de mí está en llamas. Tiro mi bolso al piso y siento que la rabia se acumula dentro de mí. Estoy tan exhausta que eso me enfurece.

Sigo adelante. La frustración impregna todo lo que digo y hago. Mi enojo es mi consuelo. Mi agotamiento me domina. Digo y hago cosas de las que me arrepiento. Aborrezco esto de mí misma. Lo odio. A veces uso mi agotamiento como excusa para ser perezosa. El resentimiento, la amargura, y una ira silenciosa hierven dentro de mí. Temo que no haya fin a la vista. Temo que la vida siempre será así. A veces me imagino rindiéndome, yéndome, alejándome de todo.

Por un momento, dejo que mi agotamiento esté presente. No lucho contra él, no lo resisto ni reacciono a él. En cambio, lo escucho. Me detengo y respiro. Presto atención a mi cuerpo. Escucho mi fatiga, mi pesadez, y este cansancio del que parece que no puedo deshacerme. Siento una tensión profunda en mis huesos, mi espalda y mi pecho. Incluso cuando duermo, no me siento descansada.

Intento, intento e intento, pero nada de lo que hago parece aliviar mi agotamiento. Encuentro poco alivio. Incluso cuando actúo con enojo, eso solo lo empeora. No quiero atacar ni retirarme. No quiero perderme una vida buena. No quiero vivir así.

Una práctica para cuando me siento exhausto

Inhala: *Jesús, buen pastor...*
Exhala: *Que pueda encontrar descanso en ti.*

Me siento exhausto.

Lo siento en mi cuerpo.

Abro mi corazón a ti, Dios.

Revélame cuándo en mi historia me he sentido de este modo antes.

Dios, no estoy aquí por accidente.
No estoy aquí por mi propia desgracia.
Estoy aquí porque, en tu voluntad, lo has permitido.

Acepto que soy incapaz de salvarme a mí mismo de
mis circunstancias.

También acepto que no estoy sin poder.
Porque mi poder, mi fuerza y mi esperanza vienen de ti.
Regreso a ti ahora para pedir ayuda.

He estado tan abrumado que me ha llevado a un estado
de agotamiento.
Estoy al borde del punto de quiebre.
Todo parece pesarme, incluso las tareas pequeñas.
Me han pedido que haga cosas que están más allá de mis límites.

Siento que estoy colgando de una rama que está a punto
de romperse.
Tengo muchas cargas sobre mis hombros.
Tengo que subir y salir.
Estoy fallando.

Tengo miedo de que las cosas nunca cambiarán.
La presión me oprime desde todos los lados.

No quiero explotar.
No quiero estar resentido.
No quiero desatar mi enojo con personas que no lo merecen.
Es difícil no volverse amargado, grosero o mezquino.

Dios, ayúdame.

Dios, ayúdame a atravesar la ira y el resentimiento sin usarlos como armas para ganar poder.

Dios, ayúdame a dirigirme a ti con la posición imposible en la que estoy.

Dios, ayúdame a creer en el *bien* del camino en el que estoy.
El bien es para otros a mi cuidado, el bien es para la expansión del evangelio, el bien es para la sanidad de mi propio dolor.

Dios, ayúdame a soportar porque ya no puedo hacerlo solo.
No puedo cargar esta cruz yo solo.

Es más difícil de lo que imaginé.
Es difícil no albergar enojo.
Es difícil perdonar.
Es difícil soltar.
Es difícil relajarse.
Es difícil rendirse.
Es difícil creer que te importa mi vida más que a mí.

Mientras cuelgo de esta rama, ayúdame a ver que tú eres el árbol del que cuelgo.
Tus brazos soportaron esos azotes, latigazos y el intenso sufrimiento.
Tus brazos alimentaron a los cinco mil.
Tus brazos sirvieron a los discípulos.
Tus brazos se convirtieron en un lugar de descanso para quienes necesitaban rescate.

Tú también entiendes el agotamiento.
Te tomaste un tiempo para estar con tu Padre cuando tu alma y tu cuerpo estaban cansados.
Que pueda aprender de ti cómo descansar en el amor de Dios.

Si es tu voluntad, por favor, libérame de este dolor porque es muy difícil de soportar. Si mis circunstancias no cambian, que tu gracia sea suficiente para sostenerme. Oro para que así sea.

Un momento cada vez.

Lo que me has confiado, te lo entrego de nuevo. Te entrego mi vida. Incluso tan exhausto como estoy, que mi vida sea una ofrenda para ti.

Señor, escucha mi oración.

Palabra viva

Espero. Escucho. Creo que las palabras que tú declaras son verdad.

> *2 Corintios 1:8-10*
> Porque fuimos abrumados sobremanera, más allá de nuestras fuerzas, de modo que hasta perdimos la esperanza de salir con vida. De hecho, dentro de nosotros mismos ya teníamos la sentencia de muerte, a fin de que no confiáramos en nosotros mismos, sino en Dios que resucita a los muertos, el cual nos libró de tan gran peligro de muerte y nos librará, y en quien hemos puesto nuestra esperanza de que Él aún nos ha de librar.

traicionado

el resultado de que alguien viole tu confianza

El lenguaje de sentirse traicionado

Dijiste que necesitabas un descanso de nuestra amistad. Necesitabas un poco de espacio. Ahora, cuando te veo, me ignoras y me tratas peor que a un extraño. ¿Cómo pudiste hacerme esto? ¿*Cómo*? Esa sola palabra me desconcierta. Tú puedes irte. Puedes vivir tu vida como si nada hubiera pasado. Como si no hubiéramos compartido algo especial, te alejas sin mirar atrás y sin siquiera comprobar si estoy bien. Porque no lo estoy. Nunca estaré bien. Estoy muy enojada por haberte entregado partes de mí. ¿Cómo puedo ser solo un pensamiento pasajero para ti? Lo que tuvimos importaba... al menos para mí. Ahora me quedo con los escombros de lo que alguna vez fue hermoso. Me quedo con las piezas que debo juntar de nuevo. Me enfurece que me importe tanto. Ojalá pudiera alejarme y lavarme las manos de ti como tú lo hiciste conmigo, pero no puedo. Confié en ti. Me siento traicionada.

Quiero infligirte el dolor que me fue infligido. Quiero que te duela tanto como a mí. Quiero creer mentiras para justificar mis sentimientos de traición. Quiero entender cómo pasó esto y resolverlo como si fuera un misterio. Me hundo en mis sentimientos. Creo que porque me siento traicionada, soy traicionada.

Por un momento, me detengo. Solamente siento. Esto es difícil. Algunas personas experimentan traición con frecuencia. Para mí, solo han sido unas pocas veces, pero cada vez mi alma ha sido demolida. Dejo que mi dolor esté presente. Siento el fuego, el duelo y la rabia. Renuncio a la necesidad de darle sentido. Aquí es donde estoy. Siento mi cuerpo. Mi pecho arde. Mi corazón late con rapidez. Escucho. Mi cuerpo nunca miente.

Mis sentimientos de traición son una señal de que mi alma necesita desesperadamente más cuidado. Trato de escuchar con gentileza, curiosidad y valentía. Intento recordar que la mayor intención de Dios para mi vida es amarme.

Una práctica para cuando me siento traicionado

Inhala: *Oh Dios en el cielo…*
Exhala: *Ayúdame.*

Dios, aquí estoy.

Me siento traicionado.

Estoy profundamente herido.

Me permito sentir esto en mi cuerpo.

Presto atención a dónde he sentido este sentimiento antes.

En mis sentimientos de traición, soy tentado de muchas maneras.

Me resisto a tratar de comprender mis sentimientos con mi mente.
Me resisto a encontrar consuelo alimentando mi herida con historias inventadas.
Me resisto a festejarme por mi enojo.
Me resisto a causar daño a otros o a mí mismo.

Dios, ¿dónde, oh dónde puedo encontrar refugio de este dolor?

Solo hay un lugar al que puedo ir con mi dolor que sanará mi espíritu herido.

Vengo a ti.

Vengo a tu mesa y encuentro comunión porque tú entiendes mi dolor. Me alimento del pan de vida y no de mi enojo.
Bebo el vino de tu gracia y no el vino de mi venganza.
Tengo comunión contigo en lugar de colapsar en mi dolor en soledad.
Ceno en tu compañía porque tú entiendes lo que se siente al ser traicionado.

Fuiste traicionado por quienes prometieron protegerte.
Fuiste traicionado por las personas a las que alimentaste, serviste y ayudaste.
Fuiste traicionado por quienes sanaste y cuidaste.
Fuiste traicionado por tus amigos más cercanos.

Cristo, tú conoces la traición.
También conocías el amor de tu Padre.

Pongo mi corazón herido y enojado ante ti, Dios, mi Padre.
Contigo, mi corazón sigue estando roto, pero no permanezco solo.
Contigo, creo que seré capaz de perdonar y ser libre.
Contigo, creo que esta traición no será mi final sino el inicio de algo nuevo.

Aunque es doloroso, acepto que hay cosas que nunca sabré o entenderé. Acepto que soy incapaz de cambiar el pasado o controlar las decisiones de los demás. Dios, ayúdame a aceptar las circunstancias actuales de mi vida con esperanza, sabiendo que harás todo hermoso en tu tiempo.

Ayúdame a perdonar como he sido perdonado.

Aunque este dolor sea insoportable, también es el lugar donde tu amor me encuentra. Es el lugar donde puedo entrar en contacto con tu amor. Por esto te doy gracias.

Incluso cuando duele, mi corazón bendecirá tu nombre.

Palabra viva

Quiero escucharte incluso cuando es difícil.

> **Romanos 12:14**
> Bendigan a los que los persiguen. Bendigan, y no maldigan.

felicidad

Feliz: experimentar alegría.
Creativo: inspirado.
Seguro: sentirse protegido.
Libre: sin restricciones.
Agradecido: experimentar una aceptación llena de gratitud.
En paz: estar tranquilo relacionalmente con Dios, con uno mismo y con otros.
Tierno: sentir suavidad o ternura.
Curioso: desear explorar.
Juguetón: amante de la diversión.
Contento: estar en paz con tus circunstancias.
Valiente: cómodo enfrentando cosas difíciles.
Esperanzado: anticipar el futuro.
Nostálgico: un sentimiento tierno de añoranza.

feliz

experimentar alegría

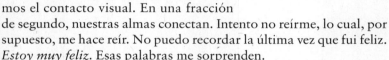

El lenguaje de sentirse feliz

No puedo ocultar mi anticipación. Se desborda por las comisuras de mi sonrisa cerrada. Levanto la vista hacia ti, nerviosa y ansiosa. Ya me estabas mirando. Cruzamos miradas. Pausamos y sostenemos el contacto visual. En una fracción de segundo, nuestras almas conectan. Intento no reírme, lo cual, por supuesto, me hace reír. No puedo recordar la última vez que fui feliz. *Estoy muy feliz.* Esas palabras me sorprenden.

Saboreando este momento, miro hacia afuera. La belleza se asienta profundamente en los rincones de mi alma. Esto toma un momento. Siento paz, pero también algo más. Algo en mí se siente juguetón y satisfecho. Conozco esta sensación, aunque es vaga y está matizada por muchas otras emociones. Es alegría.

Soy consciente de que puedo usar este sentimiento de felicidad como permiso para hacer lo que quiera. En mi felicidad, puedo sentirme tentada a mimarme. Suelo gastar de más, ignorar las reglas, y aprovecharme de los demás. Puedo dejar que mi felicidad me guíe sin considerar las consecuencias. La felicidad también puede llevarme a la vergüenza o la ansiedad. Puede que sienta que no merezco la felicidad que tengo, así que no la reconozco, no hablo de ella ni me permito sentirla. A veces minimizo mi alegría porque no quiero que cause más dolor a quienes están batallando. También tengo miedo de que este sentimiento se me escape. Quiero aferrarme a él, pero temo que me será arrebatado.

Por un momento, me permito simplemente sentirme feliz. Esto es bueno. Intento no pensarlo demasiado. Dejo que ocupe espacio dentro de mí. Esta alegría se desborda desde lo más profundo. Esta alegría proviene de la asombrosa capacidad de los humanos de hacer cosas increíbles. La alegría es mi liberación. Siento la profundidad de mi alegría, y me hace cosquillas. Me encanta. Estoy completamente encantada. Mis emociones pueden fragmentarse en otros sentimientos como ansiedad, presión o culpa. Sí, esos sentimientos también están ahí, pero no quiero pasar por alto la bondad que Dios me ha dado en este momento. Quiero saborearlo. Quiero abrazarlo. La alegría que siento es un regalo de Dios. No quiero perderla.

Una práctica para cuando me siento feliz

Inhala: *Jesús...*
Exhala: *Tú eres mi alegría.*

Abro mi corazón a ti.

Me siento feliz.

Lo siento en mi cuerpo.

La alegría se encuentra en todo lo bueno, verdadero y bello.
Me siento cerca de ti.

Dios, dame discernimiento porque sé que la felicidad puede engañarme.
Ayúdame a ser consciente de no monopolizar la felicidad para mi propio beneficio.
Dios, por favor, no permitas que la felicidad me desvíe.
Regreso a tu amor por encima del amor propio y el de otros.

Jesús, a veces, cuando esperaba que las personas celebraran conmigo, no lo hicieron.
Me sentí rechazado en mi alegría.
Temía que mi alegría pudiera causar una ruptura en una relación.
A veces tengo miedo de experimentar alegría, de expresarla o compartirla, porque podría causar dolor a otros.

Dios, ¿en qué medida he pasado por alto o he descuidado la alegría de otros?

Esta alegría es un regalo directo de ti.
Es producto de la abundancia de tu amor por mí.
Todavía me cuesta creer que soy amado.

Todavía lucho por comprender que soy un hijo en quien tú te deleitas.

Sigo aprendiendo a recibir alegría sin devorarla ni descartarla.

Jesús, recibo el regalo que me estás dando ahora.
Incluso cuando no creo que lo merezco...
Incluso cuando tengo miedo a perderlo...
Incluso cuando requiere vulnerabilidad, lo recibo.

Jesús, recibo esta felicidad como una forma de tu cuidado por mí.
Incluso cuando me siento tentado a consumirla.
Incluso cuando no me siento digno de ella.
Incluso si en un momento este sentimiento se desvanece, dejo que me llene ahora.

Jesús, tú me recibes.

Me recibes con una tierna bienvenida, deleite y una aceptación abierta.
Me recibes con conexión, compasión y seguridad.
Me recibes con celebración y bondad.
Me recibes y entro en tu maravilla celestial.

En ti, mi alegría se expande y se multiplica.
En esta alegría, mi alma se nutre de amor.
En este lugar, mi cuerpo entra en la profunda bondad que me rodea.

No solo sé que me amas; lo siento.

Abrazo la felicidad con gracia.
La abrazo con confianza.
La abrazo con manos ligeramente abiertas, creyendo que, incluso cuando este sentimiento se vaya, tu amor permanecerá.

Mientras la felicidad burbujea, sonrío.
Mientras la felicidad late en mi corazón, bailo.
Mientras la felicidad aviva mi alma, canto.
Mientras la felicidad mueve mi mente hacia la bondad, aplaudo.

Mientras la felicidad me consume, bebo, saboreo y habito en la gloria.
Mientras la felicidad regresa una y otra vez, celebro.
Mientras la felicidad me asombra, contemplo.
Mientras la felicidad acaricia mis ojos con la esperanza de lo que puede llegar, doy gracias.

Gracias. Gracias. Gracias, Dios.

Dios, te adoro.

Creador de la vida, el amor y todas las cosas, entro en tu alegría.

Aquí, cobro vida.

Palabra viva

Te estoy escuchando

Gálatas 5:22-25 (NVI)
En cambio, el fruto del Espíritu es amor, alegría, paz, paciencia, amabilidad, bondad, fidelidad, humildad y dominio propio. No hay ley que condene estas cosas. Los que son de Cristo Jesús han crucificado la carne con sus pasiones y deseos. Si el Espíritu nos da vida, andemos guiados por el Espíritu.

creativo
inspirado

El lenguaje de ser creativo

Por un momento, veo posibilidades. Abro mi computadora portátil. Me siento lista, con mi mente en movimiento y mi corazón prendido. Mis dedos se deslizan sobre las frías teclas, y una leve sonrisa aparece mientras levanto mi mirada hacia la pantalla. Trazo la historia como quien dibuja una constelación. Abro una pantalla en blanco y mis dedos comienzan a escribir. Las palabras serenan mis sentidos como el jazz en un club nocturno. La inspiración es abundante, infinita y hermosa. Me siento viva. Me siento imparable.

Un toque de miedo me roza mientras alimento todas mis ideas. *¿Y si no puedo hacerlo? ¿Y si fracaso?* Miro la pantalla llena ahora de filas de palabras negras. Veo esperanza. Veo miedo. Veo todo lo que podría ser. Si miro más de cerca, casi a través de las palabras, me veo a mí misma.

Me siento creativa. Me siento tentada a crear no para estar en comunión con Dios, sino para ser como Dios. Surge el impulso silencioso de crear, hacer y planear un camino hacia lo que deseo tan profundamente. Me tienta alimentar estos pensamientos con ideas grandiosas y sueños envueltos en palabras engañosas como *debería* y *tengo que*. Mi felicidad comienza a depender de mis logros y de ejecutar correctamente mis ideas. Mi Torre de Babel se construye sobre mi espalda, ladrillo a ladrillo. Es una carga pesada.

Estoy tentada a desesperarme. Apago, guardo o dejo de lado mis ideas porque albergar la esperanza de que algo en mi vida pueda o podría cambiar, duele demasiado. Me retraigo de las posibilidades que mi creatividad abre. Me aferro, en cambio, a lo ordinario, seguro y conocido.

La verdad es que me siento creativa. Me siento viva y conectada con quien fui creada para ser. La energía pulsa en mi cuerpo. Aquí me siento cerca de Dios. Me siento poderosa, fuerte e imparable. Dejo que estos sentimientos creativos permanezcan. Siento emoción y anticipación. Siento que mi corazón late con fuerza. Siento cómo invade mis pensamientos y mi imaginación, e incluso mi sueño. Me dejo llevar por el proceso creativo. Me pregunto a dónde me llevarán estos sentimientos. Oro para que me acerquen más a Dios.

Una práctica para cuando me siento creativo

Inhala: *Padre Dios...*
Exhala: *Crea en mí un corazón lleno de amor.*

Me siento creativo.

Lo siento en mi cuerpo.

Mi creatividad tiene una historia.

En algunos momentos ha sido recibida, escondida, dejada de lado o me ha causado dolor.

Pero, por un momento, abro mi corazón a ti.

Dios, siento una chispa prendiéndose dentro de mí.
Un pequeño deseo está creciendo.
Lo siento.
No puedo dejar de imaginar lo que podría surgir.
Cuando cierro mis ojos, veo todas las piezas encajando, y mi alma se acelera.
Siento que algo está despertando en mí.
Es arriesgado, pero correcto, y es todo lo que he deseado.
Estoy volviendo a la vida.
La anticipación de lo que podría llegar me consume.
Quiero crear algo hermoso.

Dios, creo que mis manos, mi corazón y mi esperanza contenida tienen un propósito.
Quiero emplear todo mi tiempo, energía y afecto en esta nueva posibilidad.
La chispa no fue un fuego encendido por mera magia.
Me llegó.
Fue encendida por ti.

Comenzó en otro lugar.
Comenzó al principio.

Dios, tú creaste.

Quiero usar la creatividad para ir más allá del principio.
Creo que la creatividad me llevará hacia adelante, a otro lugar, a un lugar mejor.
Intento construir una estructura que me transporte de mi realidad a una mejor en el futuro.

Dios, me resisto a usar estas ideas para mi propio mérito o mi ganancia egoísta.
Me resisto a usar mi creatividad como una vía de escape de la realidad.

Me resisto a ignorar los dones creativos que tú me has dado por miedo a no tener éxito.

Tú conoces las partes de mi corazón que quieren manipular los dones que me has dado de un modo que creo que me encaminará o me salvará.

Crea en mí un corazón puro, oh Dios.

Señor, con voluntad, cautela y valentía, entro en este llamado a crear.

No tengo que hacer que algo suceda; en cambio, me muevo hacia lo que me has pedido que haga.
No tengo que resolverlo todo.
No tengo que hacer nada más que ser fiel a la tarea que tengo delante.

Dios, descanso en la maravillosa creación del mundo, en quienes me rodean y en mi propia alma misteriosa.
Descanso en tu poder, Dios.
Tú me inspiras.
No uso mi poder para construir más allá de ti, Dios; uso mi poder para estar contigo.

Dios, sobre todo, forma en mí un corazón creativo lleno de amor. Que todo lo que hagan mis manos sea una puerta para participar y para invitar a otros a tu presencia.

Señor, escucha mi oración.

Palabra viva

Señor, estoy escuchando.

> **Salmos 51:10-12**
> Crea en mí, oh Dios, un corazón limpio,
> Y renueva un espíritu recto dentro de mí.
> No me eches de Tu presencia,
> Y no quites de mí Tu Santo Espíritu.
> Restitúyeme el gozo de Tu salvación,
> Y sostenme con un espíritu de poder.

seguro

sentirse protegido

El lenguaje de sentirse seguro

Cierro los ojos, pero aún puedo ver. Puedo ver el sauce moviéndose con largos brazos, como si fuera una escoba barriendo el piso. Puedo ver el arco cubierto de hiedra, dándome la bienvenida a este lugar secreto. La roca que alguna vez fue una montaña para mis pequeñas piernas ahora es el lugar que invita a mi corazón a sentarse y ser visto. Este es mi lugar. Vengo aquí cuando necesito un momento para respirar. Vengo aquí cuando mi corazón enredado necesita ser desatado. Es para mí. Nadie sabe cómo este lugar mágicamente me despliega y me encuentra al mismo tiempo. Aquí, soy libre. Aquí, me siento a salvo.

Mi alma se siente segura. También soy consciente de que siento otras cosas. Me siento ansiosa por perder esta seguridad, y me tienta confiar demasiado en ella. Debo crear un entorno seguro. Confío en mi capacidad de protegerme. Estoy en control. También puedo sentirme tentada a perderme en mis sentimientos. Pierdo la vigilancia sobre mi propia alma. Dejo de prestar atención a lo que entra y sale de mi corazón, mi mente y mi cuerpo. Bajo la guardia y abandono la sabiduría y el discernimiento.

Por un momento, me quedo. Siento la seguridad que experimento sin ceder a las tentaciones que me alejan de estar completamente aquí. En cambio, escucho.

Respiro con facilidad. Me relajo. Me siento abierta. Me siento suave. Escucho mis pensamientos que son tranquilos y claros. Escucho los latidos de mi corazón en calma. Quiero sentir siempre la seguridad que siento ahora. No quiero perder de vista nunca el amor, la protección y la provisión de Dios sobre mi vida.

Una práctica para cuando me siento seguro

Inhala: *Jesús, que pueda residir...*
Exhala: *Siempre en tu cuidado.*

Dios, abro mi corazón a ti.

Me siento seguro.
Estoy sostenido.
Presto atención a mis sentimientos de seguridad.
Estoy vigilante sobre mi propia alma, como un pastor sobre su rebaño.
Observo todo.
Estoy atento para ver dónde se ha desviado mi alma o a dónde fue para encontrar seguridad.

Dios, regreso, una y otra vez, a la seguridad de tu cuidado.

Estoy seguro porque tú eres un lugar seguro.

Mis sentimientos de seguridad, ahora son una señal de que tú estás conmigo.
Me estás llevando a tu amorosa presencia.
Confío en esto.

Dios, me resisto a buscar mi seguridad en otra persona o en las circunstancias.
Me niego a depender de mi capacidad para obtener seguridad más de lo que confío en tu capacidad para dármela. Reconozco que no soy Dios y que tus caminos, aunque no siempre los entienda, son más grandes que los míos.

Dios, confío en ti.

Me invitas a tu presencia.

Me encuentras en mis lugares secretos.

Un hogar que solo tú y yo conocemos.

Medito en tu bondad.
Me entierro en el lecho de tierra de tu corazón.
Aquí es el único lugar donde la seguridad puede florecer.
Solo en ti habitaré.
Aquí, me animas a *contarte más*.

Sé que habitar no requiere nada de mí, excepto permanecer en tu amor.
Por lo tanto, me quedo aquí, en tus brazos de seguridad.

Respiro.

Tus brazos extendidos en el madero.
No hay mayor seguridad que en los brazos de Aquel que murió para darme la bienvenida.

Dios, tú eres mi roca.
Dios, tú eres mi escudo.
Dios, tú eres mi protección.
Dios, tú eres mi refugio.

En ti, Dios, encuentro mi hogar seguro.

Aquí, mi alma canta.

Palabra viva

Te escucharé.

Salmos 61:1-4
Oye, oh Dios, mi clamor;
Atiende a mi oración.
Desde los confines de la tierra te invoco, cuando mi corazón desmaya.
Condúceme a la roca que es más alta que yo.
Porque Tú has sido refugio para mí,
Torre fuerte frente al enemigo.
Que more yo en Tu tienda para siempre;
Y me abrigue bajo el refugio de Tus alas.

libre

sin restricciones

El lenguaje de sentirse libre

Hoy presenté mi renuncia en un trabajo que me agotaba. Tenía miedo de renunciar. No quería molestar a mi jefe. No quería desagradar a mis compañeros de trabajo. Durante años he sido dependiente de la aprobación y de complacer a los demás, pero hoy, al hablar con sinceridad, me sentí empoderada y ligera en lugar de esclavizada por el miedo. Hablar con la verdad genera libertad, y así me siento ahora: libre.

Soy tentada a usar mi libertad como una excusa para hacer lo que quiera o evadir responsabilidades. Podría interpretar mi libertad como un permiso para perseguir deseos egoístas. La libertad acelera mi deseo de poder. También soy tentada a volver a ponerme las cadenas que una vez me esclavizaron. En mi libertad, a veces también siento ansiedad y vergüenza. El hábito de mi corazón es vivir en el miedo y no en la libertad. A veces el miedo me parece más seguro. A veces lo conservo, por si acaso lo necesito.

En este momento me siento libre. Al respirar, la libertad llena mis pulmones. Cierro los ojos y escucho. Mi corazón se ensancha. Mis labios sonríen. El sonido de la paz dentro de mí abre mi alma por completo. Aquí estoy, suave y respirando plenamente. Nada me ata. Nada me retiene. Me siento ligera. Mis músculos están relajados. Mi mente está en paz. Respiro sin esfuerzo. Quiero saborear lo que siento ahora. Me siento libre porque soy libre. Soy libre porque Dios me liberó. Espero no regresar jamás a la esclavitud de la que fui liberada.

Una práctica para cuando me siento libre

Inhala: *Mi amigo Jesús…*
Exhala: *Soy libre.*

Dios, abro mi corazón a ti.

Me siento libre.

Siento esta libertad en mi cuerpo.

No me aferraré al temor.
No escucharé mentiras.
No intentaré demostrar mi valía.
No evitaré mi corazón.
No fingiré ni exigiré perfección.
No regresaré a la pesada carga de intentar liberarme por mí misma.

Incluso al enumerar las cosas que ya no haré, sé que mi deseo de seguridad es fuerte.
Sé cuán fácil es recurrir a mis propias capacidades para encontrar paz.
Sé que necesito tu ayuda para aprender a permanecer libre.

Dios, ayúdame a permanecer en la libertad que me has dado.

¿Qué hace una persona libre?
Una persona libre hace lo que su corazón desea.

Tú has puesto mi vida sobre la roca de la salvación, y me alegraré.

Mi corazón disfruta, sonríe y saborea.
Mi corazón permanece, ríe, alaba y juega.
Mi corazón honra, adora, da y ama.

Tu verdad me ha hecho libre.
Permito que mi alma experimente la libertad; la siento y habito profundamente en ella.
Al hacerlo, recuerdo quién soy.
Soy amado, apartado, conocido y adorado.

Dios, disfrutaré de esta libertad todos los días de mi vida.
El peso de la carga que tú levantaste hace que mi corazón se hinche.
Para esto fui creado.
Así es como fui diseñado para experimentar la vida.

Al igual que creaste el mundo, estás creando nueva vida en mí.

Porque me amaste, soy libre.

Por este regalo, te doy toda la alabanza, el honor y la gloria.

Hoy y para siempre, amén.

Palabra viva

Esto es lo que tú me dices.

> *Gálatas 5:1 (NVI)*
> *Cristo nos libertó para que vivamos en libertad. Por lo tanto, manténganse firmes y no se sometan nuevamente al yugo de esclavitud.*

agradecido
experimentar una aceptación llena de gratitud

El lenguaje de sentirse agradecido

Observo a mis hijos jugar. La luz dorada se derrama generosamente a través de los árboles mientras ellos bailan. Sin esfuerzo, mi boca se abre y se escapa esta palabra: *gracias*. La susurro, pero más que nada, la siento. Extiendo mi alma de tal manera que puedo saborear cada segundo de esta alegría. La vida no es como imaginé que sería, pero me siento profundamente privilegiada de estar viviéndola.

Me siento agradecida. Confieso que con estos sentimientos de gratitud también reconozco las tentaciones de mi corazón a desviarse. Me siento tentada a atribuirme todo el mérito por las cosas, personas y logros en mi vida, o a preocuparme porque todo aquello por lo que me siento agradecida desaparezca.

Estas tentaciones me alejan de estar presente en lo que se me ha dado. Tiendo a aferrarme más fuerte a las personas, experiencias y cosas. Me encojo en mis sentimientos. Puedo recurrir fácilmente al miedo, la vergüenza o la autocrítica. Incluso puedo convertir mi gratitud en una lista de *deberes*. *Debería* ser más agradecida, *debería* hacer más, *debería* sentir más.

Sin embargo, por este momento, siento lo que siento. La paz llena mis pulmones.

Siento mi respiración. Mi corazón está feliz. Mi cuerpo expresa gratitud en forma de lágrimas. Por un momento, la gratitud brota dentro de mí.

Permito que estos sentimientos se muevan a través de mí. Apenas si puedo contar las bondades en mi vida. Apenas si puedo contener la alegría. Por este momento, siento a Dios. Dirijo mi corazón a la oración.

Una práctica para cuando me siento agradecido

Inhala: *Jesús*…
Exhala: *Gracias*.

Dios, presento mi corazón a ti.

Me siento agradecido.

Lo siento en mi cuerpo.

El temor puede deslizarse silenciosamente bajo la puerta de mi gratitud.
El orgullo también puede rodearme como mi propia mano, dándome una palmada en la espalda.
Presto atención a los lugares donde mi alma se inclina, se retuerce y se aleja de la pureza de mi gratitud.

Sostengo mis sentimientos de gratitud como sostengo algo especial. Como al cargar un bebé, no seré descuidado ni distraído.
No aprieto demasiado ni aflojo demasiado mi agarre.
Honro los regalos que me has dado, Dios. *Todo buena dádiva y todo don perfecto viene de lo alto, desciende del Padre de las luces, con el cual no hay cambio ni sombra de variación* (Santiago 1:17).

Se me ha dado mucho.

Sostengo cada regalo con una entrega suave.

Abro mis manos.
La gratitud está en mis labios.
Con todo mi corazón te doy gracias, Señor.
Canto mi alabanza, declaro mi alegría, grito mi deleite.
Dejo que la gratitud sea la gravedad que me mantiene enraizado en mi vida.

Mi gratitud puede coexistir con cualquier sentimiento.
Ansiedad—gratitud.
Tristeza—gratitud.
Preocupación—gratitud.
Confusión—gratitud.

Ningún sentimiento puede cancelar mi gratitud, porque tus dones están presentes en todas las cosas.

Dios, la mayor intención que tienes para mi vida es amarme.
Y mi vida, aunque imperfecta y frágil, es un regalo.
Siento la gratitud brotando dentro de mí.
Daré gracias por ello, una y otra y otra vez.
Daré gracias por mi vida hasta mi último aliento.

Por lo que se me ha dado, por lo que se ha quitado, por todo lo que mi corazón atesora: *gracias*.

Palabra viva

Señor, estoy escuchando.

> **Salmos 9:1 (NVI)**
> Quiero alabarte, Señor, con todo el corazón,
>   y contar todas tus maravillas.

en paz

estar tranquilo relacionalmente con Dios, con uno mismo y con otros

---

El lenguaje de sentirse en paz

He estado luchando por un tiempo. Mi alma ha estado en conflicto, pero esta mañana en la iglesia, mientras la melodía tocaba mi corazón, canté entre lágrimas: "Todo está bien en mi alma". Me rendí. Y ahí estaba, la paz. Recordé lo lejos que he llegado. He perdido mucho, he soltado mucho, he recibido mucho, he perdonado mucho, he luchado mucho. Mi alma ha hecho una tregua con Dios, conmigo misma y con los demás. Soy libre. Soy libre. Soy libre.

Me siento en paz. Confieso que incluso este sentimiento viene acompañado de susurros de miedo. Si escucho los miedos, se vuelven más fuertes. Me tienta la posibilidad de perder mi paz. Rápidamente puedo convertirme en la administradora de mi paz. Debo mantenerla, obtenerla y sostenerla. Noto en mi propia alma que también soy tentada a renunciar a mi poder por el bien de la paz. Permito que mi necesidad de paz sea la fuerza que impulsa mis decisiones. Puedo abandonar la razón, mi capacidad de decisión, el discernimiento y mis deseos para asegurarme de que todos los demás estén bien. Me abandono a mí misma para mantener la paz.

Escucho la paz que siento dentro de mí ahora. Es buena. Presto atención a mi cuerpo. Mi cuerpo no está a la defensiva ni tampoco tenso. No estoy atrapada sino calmada. Puedo respirar libremente. La paz me llena.

Cuando mis pensamientos me tientan a alejarme de estar aquí, elijo con mi voluntad quedarme con mis sentimientos de paz. La paz es un regalo de Dios.

El Espíritu me da una paz que no está atada a mis habilidades o mis logros. Una calma silenciosa se asienta dentro de mí, y mi respuesta es alegría.

Una práctica para cuando me siento en paz

Inhala: *Jesús, amigo…*
Exhala: *Tu paz habita en mí.*

Dios, abro mi corazón a ti.

Me siento en paz.

Noto que la siento en mi cuerpo mientras respiro.

La paz llena mi corazón.
La calma se extiende dentro de mí como un fresco chal sobre mi alma.
Me siento libre.

Señor, ayúdame a discernir de dónde viene mi paz.
Que siempre y únicamente sea un derramamiento de tu Espíritu y no una manipulación de mi voluntad para justificar lo que quiero.

Alma: habita en la paz.

Habito en la paz que me has dado, Dios.
Le permito ocupar espacio, como la tierra se extiende hasta el mar.
Sostengo mi paz como una madre sostiene a su hijo.
Atesoro mi paz como un esposo atesora a su esposa.
Me deleito en mi paz como un artista se deleita en su arte.
Comparto paz con otros como un pastor comparte oraciones.
Paz. Paz. Paz.
¡Qué regalo!
La saboreo como agua para mi alma sedienta.

Gracias, Señor.
Has reconciliado mi corazón con el tuyo.
En ti hay perdón.
En ti hay esperanza.
En ti mi corazón está lleno.

El amor me rodea y habita dentro de mí.

Eres mi gran sanador.

Eres mi buen Padre.
Eres mi protector.
Eres mi pacificador.

Tu paz está detrás de mí y delante de mí.
Tu paz es ahora y para siempre.
Reflexiono sobre la trinidad de paz: entre Padre, Hijo y Espíritu Santo.
Tú eres un Dios de paz.
Te alabaré para siempre.
La paz llena mi alma.
Estoy bien.
Estoy despierto.
Soy amado.

Palabra viva

Señor, estoy escuchando.

> *Juan 14:27 (NVI)*
> La paz les dejo; mi paz les doy. Yo no se la doy a ustedes como la da el mundo. No se angustien ni se acobarden.

tierno

sentir suavidad o ternura

El lenguaje de sentirse tierno

Me acurruco bajo la comodidad del algodón y la tela. Las texturas tejidas que me envuelven me producen una calidez que anhelado por mucho tiempo. Siento una esperanza familiar cubrir mi corazón como un manto, y la calma se extiende por todo mi ser. Mis pensamientos se mueven de un lado a otro en mi mente, como una conversación

FELICIDAD 151

entre viejos amigos. No me siento abrumada por este diálogo interno, sino que experimento gracia por lo que es, lo que fue, y lo que está por llegar. Una tierna dulzura reside en mi interior. Me siento libre. Mi alma se siente como seda. Respiro tranquilidad. Envuelvo mi mano alrededor del borde de la manta y mis ojos se cierran lentamente. Me siento fuerte. O, en realidad, lo que siento es ternura. Tal vez sean lo mismo.

Confieso que con la suavidad que siento, también me siento tentada a endurecerme. La ternura no es algo cómodo para mí. Reacciono a esta ternura buscando cosas por las que preocuparme o tensarme. Los ojos de mi corazón buscan peligro, especialmente cuando siento que no hay ninguno. Me siento tentada a desviar lo que siento. También soy consciente de que deseo hundirme tanto en mi ternura que podría perder mi capacidad de discernir o iniciar algo que pueda interrumpir mi paz. A veces descuido mis instintos, mi voz y mi sabiduría por el bien de mantener la calma.

En este momento, me permito sentir lo que siento. Dejo que esta ternura permanezca. Siento que mi cuerpo se relaja. Siento liberación. Me siento segura y aceptada. Aunque sé que este sentimiento es fugaz, hago una pausa para sentir. Hago una pausa para orar.

Una práctica para cuando siento ternura

Inhala: *Jesús, hermano y amigo...*
Exhala: *Que yo pueda descansar en ti.*

Dios, abro mi corazón a ti.
Siento ternura.
Siento este sentimiento en mi cuerpo.

Solo conozco la ternura porque he conocido la dureza.

Sé lo que es esforzarme más, hacer más, trabajar diligentemente.
Sé lo que es sentir dolor.
Conozco la angustia de la ansiedad y el enojo.

Sin embargo, aquí estoy, con un corazón tierno.
Mis luchas pueden no haber quedado atrás, pero en este momento siento ternura.

Los bordes ásperos de mi alma han sido suavizados.
Dios, has tomado mi corazón de piedra y me has dado un corazón de carne (ver Ezequiel 11:19).

Aquí entro en contacto con tu bondad.
Has intercambiado mi pecado por tu bondad.
Mi corazón de carne ha sido moldeado por tu misericordia.
Tu ternura me ha hecho tierno.

Dejo que mi alma permanezca tierna.

Incluso cuando emergen partes rígidas de mi alma, resisto la tentación de desgastarlas solo con mi fuerza.
En cambio, entrego las áreas inacabadas de mí a ti, Dios.

Dios, esta ternura me hace fuerte.
No es el tipo de fuerza que derrota a otros, sino el tipo de fuerza que no necesita hacerlo.

Dios, que esta ternura me lleve a una dependencia más profunda de ti.
Busco un alma suave, no solo por mí sino por el bien de los demás.

Oh Dios, gracias.
Acércame más a ti.
Que beba de la esperanza de tus promesas.
Fijo mis ojos en ti, Dios.
Contemplo tu gloria.
Al conocerte, llego a conocerme a mí mismo.
Al conocerme, llego a conocerte a ti.
Eres tierno y me has extendido tu ternura.
Qué maravilla ser visto ante tus ojos como bueno, limpio y santo.

Que esta ternura sea la gracia que recibo de ti y el regalo que doy al mundo.

Señor, que así sea.

Palabra viva

Me apoyo en lo que tú me dices.

Isaías 54:10
Porque los montes serán quitados y las colinas temblarán,
Pero Mi misericordia no se apartará de ti,
Y el pacto de Mi paz no será quebrantado,
Dice el Señor, que tiene compasión de ti.

curioso

desear explorar

El lenguaje de sentirse curioso

Para mi cumpleaños me regalaron un viaje a la Isla Catalina. Instantáneamente, una chispa de alegría brotó dentro de mí. No había estado allí desde que era niña. De inmediato busqué información en el internet, sintiéndome curiosa por aprender más sobre este lugar. Conozco este sentimiento. Conozco la alegría que llega con el descubrimiento. Conozco la anticipación de lo que podría ser. Quiero saber más. Incluso ahora, esta emoción se acelera porque la posibilidad de algo bueno está al alcance.

Disfruto de este sentimiento. Me siento motivada, encantada, viva. Este sentimiento puede fácilmente dividirse en otros como el temor, los nervios o la resistencia.

A menudo me pierdo en este sentimiento. Cuando siento curiosidad por algo, quiero devorarlo. Mi curiosidad puede convertirse en control. Me siento tentada a controlar a las personas o mis circunstancias. Me tienta adquirir conocimiento solo para tener control. Puedo ser entrometida e invasiva, y carecer del discernimiento para respetar los límites de los demás.

La curiosidad me ha lastimado antes. Ahora que siento curiosidad, noto mi instinto de reprimirla: *no inicies una nueva relación, no tomes riesgos, no intentes algo porque podría traer dolor, no sueñes.* Silencio mis pensamientos.

A veces, incluso me siento tentada a evitar mis responsabilidades para poder satisfacer mi curiosidad. Busco la novedad en lugar de la fidelidad.

Hay un cosquilleo creciente dentro de mí. Siento curiosidad en mi cuerpo. Siento emoción, mi corazón late con anticipación. Lo siento en mi garganta, ansiosa por hacer preguntas. Tengo mucha curiosidad por saber más, por ir a algún lugar, por experimentar algo nuevo.

Sin embargo, en este momento reduzco la velocidad. En mi sed de más, no quiero perderme a Cristo. No quiero que el objeto de mi afecto sustituya a Dios.

Una práctica para cuando me siento curioso

Inhala: *Jesús, hermano y amigo, ayúdame...*
Exhala: *A descubrirte a ti.*

Abro mi corazón a ti.

Siento curiosidad.

Dios, amo la forma en que me hiciste.
Mi corazón busca saber más y más y más.
Mi hambre por entender, aprender y descubrir es un deleite.

En mis sentimientos de curiosidad, Dios, ayúdame a estar atento.

No quiero que mi inocente búsqueda de conocimiento me ate al pecado.
Ayúdame a no alimentar un vicio bajo el nombre de la virtud.
Ayúdame, Dios, a ser sincero conmigo mismo hasta el final.

Descubrir un nuevo lugar, una nueva persona, aventura o cosa acelera mi alma.
Mis sueños, intereses y esperanzas se iluminan en mí mientras persigo lo que está fuera de mí.

Siento que estoy cobrando vida.

Este sentimiento me recuerda un lugar juvenil dentro de mí, un deseo infantil de jugar y disfrutar de las sorpresas.

Fui creado para sentir este tipo de alegría.
Dios, tú me hiciste así.

La curiosidad no siempre fue fomentada en mí.
Quienes me criaron no siempre me permitieron explorar, tomar riesgos o probar cosas nuevas.
Vuelve a educar mi corazón en el camino de la felicidad.
Que yo sea una persona que pueda fomentar la alegría también en los demás.

Dios, tú eres el gran curador.
Eres el buen diseñador.
Eres el gran consejero que hace preguntas.

Aunque lo sabes todo, sigues siendo curioso.
El conocimiento no es tu fuerza motriz; el amor lo es.
Te encanta amarnos.
Te encanta amarme.
Te deleitas en mi deleite por descubrir.

Tú eres el gran iniciador.
Iniciaste el mundo.
Iniciaste la humanidad.
Iniciaste la sanidad y la esperanza a través de tu Hijo Jesús.
Dios, nunca dejas de iniciar.

A medida que sigo este cosquilleo de curiosidad, puedo descubrir lugares desagradables dentro de mí, de los demás o del mundo.
En tales casos, por favor dale a mi corazón la bondad que necesita para ver lo que tú quieres que vea.
Que mi alma permanezca tierna y fuerte.

Mi curiosidad es una huella de Cristo en mí.
Que el final de mi curiosidad siempre me lleve al encuentro de tu amor.

Por esto, mi corazón canta.

Palabra viva

Estoy escuchando.

Filipenses 4:8-9
Por lo demás, hermanos, todo lo que es verdadero, todo lo digno, todo lo justo, todo lo puro, todo lo amable, todo lo honorable, si hay alguna virtud o algo que merece elogio, en esto mediten. Lo que también han aprendido y recibido y oído y visto en mí, esto practiquen, y el Dios de paz estará con ustedes.

juguetón
amante de la diversión

El lenguaje de sentirse juguetón

Con un impulso de infantilidad, arrojo mi bolso dentro del carrito de compras. El calor del día se derrama como una ducha de sol sobre mí. Estoy muy feliz. Me subo al respaldo del carrito y con un pie me impulso desde el pavimento. Cruzo el estacionamiento hacia mi auto. No puedo evitar reírme para mis adentros. Estoy viva. Me siento juguetona.

Soy tentada a reprimir este sentimiento. La capacidad de jugar está conectada a otros recuerdos. Me criticaron por ser alegre o demasiado ruidosa. No había tiempo para jugar; tenía que trabajar antes de poder jugar. Jugar no era ser responsable. En mi juego, puedo ignorar a otras personas. Veo mi felicidad como el único objetivo final; por lo tanto, puedo descuidar los sentimientos de los demás para conseguir las risas que quiero. Puedo actuar de manera desconsiderada, ser demasiado sarcástica, menospreciar a otros o antagonizarlos como una forma de producirme alegría, risas o emociones.

Ahora que la sensación de juego se despierta dentro de mí, la dejo estar. Estoy feliz. Presto atención a cómo mi cuerpo contiene mi alegría. Tengo una sensación de euforia en el corazón. Me siento encantada. Quiero moverme. Me siento liviana. Me siento libre.

A medida que estos sentimientos se mueven en mí, me siento conectada: cuerpo, alma, mente. Fui creada para estar completa. Me siento conectada a mi Creador. Mi alegría orbita en torno al gozo de Dios.

Una práctica para cuando me siento juguetón

Inhala: *Mi amigo Jesús...*
Exhala: *Enséñame a jugar.*

Abro mi corazón a ti, Dios.

Me siento juguetón.

Lo siento en mi cuerpo.

Examina mi corazón, oh Dios.

Revélame la historia del juego en mi vida.
¿Cómo se nutrió mi capacidad de jugar?
¿Cómo se me negó?
¿Cómo fui amado en mi alegría y espontaneidad?

Puedo ser culpable de usar el juego como una distracción de mi dolor.
Puedo haber buscado la diversión a costa de las relaciones.
Puedo haber usado la felicidad como una forma de escape.

Dios, ayúdame a ver el juego como una invitación a convertirme en quien fui creado para ser.

La creación juega.
Lo veo.
Los árboles se inclinan.
Las nubes bailan.
La lluvia salpica.

Soy tu creación, oh Dios.
El propósito de mi mera existencia es jugar.

Fui creado para esto.
Estoy diseñado para disfrutar la vida.

Ayúdame a jugar, Dios.
Ayúdame a hacer algo simplemente por el hecho de hacerlo.
Ayúdame a no poner el juego y el trabajo en conflicto entre sí.
El trabajo tiene un objetivo final, pero jugar *es* el objetivo.

El juego es el objetivo de cada relación.
El propósito de las relaciones es jugar con tantas personas como sea posible.
No es una competencia.
No es para ganar o recibir.
No es para dominar o imponer.
No es para dar ni para quitar.
Ayúdame a disfrutar a los demás puramente por quienes son, no por lo que puedan darme.

El juego es gracia.

Gracias, Dios, porque creaste a la humanidad para relacionarse a través del juego.
¡Qué modo tan hermoso de vivir!
Entro en el juego con otros.
Brindo, ceno y salto.
Río con todo mi cuerpo.
Sonrío, guiño y me involucro con amigos duraderos.
Recuerdo, Dios, que tú también te deleitas en un intercambio lleno de juego conmigo.

Soy tu alegría.

Me das los cielos para disfrutar como si fueran un cine.
Me das los mares para nadar y las aguas para flotar.
Me das las montañas para escalar y volar.
Me das los campos expansivos para ser libre.
Me das el camino de grava bajo mis pies para correr.
Me das los lienzos para colorear, las palabras para escribir, las conversaciones para crear.
Me das las melodías para cantar y mi cuerpo para mover.
Me das las relaciones para disfrutar.
Me invitas a una vida de juego.

Toda la vida es un patio de recreo.

Oh, Dios, eres tan bueno.

Te doy gracias.

Palabra viva

Inclino mi corazón para escuchar de ti.

> *Eclesiastés 8:15*
> Por tanto yo alabé el placer, porque no hay nada bueno para el hombre bajo el sol sino comer, beber y divertirse, y esto le acompañará en sus afanes en los días de su vida que Dios le haya dado bajo el sol.

contento

estar en paz con tus circunstancias

El lenguaje de estar contento

Mi taza de té está cálida entre mis palmas. Me siento en el silencio que queda tras una mañana llena de prisa.

La casa está desordenada y revuelta, con zapatos, bolsas y cosas de los niños por todas partes. En lugar de sentirme molesta, siento algo diferente. No fue algo repentino sino un cambio lento, como cuando la primavera se convierte en verano. Las cosas con las que antes batallaba han quedado atrás. Quejas que antes me alteraban ya no parecen importarme tanto. Preocupaciones que antes me atrapaban como una telaraña ahora son fáciles de soltar. No es que no me importe o que sea apática; es que tengo paz y sé que todo estará bien. He aceptado que no puedo cambiar a otras personas y que algunas circunstancias realmente están fuera de mi control. No estoy empujando, luchando ni intentando ambiciosamente cambiar mi vida. Creo que la vida que estoy viviendo es buena, incluso cuando es difícil. Me siento contenta.

Conozco el contentamiento porque sé lo que es no tenerlo. He luchado con mis circunstancias. Mi vocación, mi situación financiera, mis relaciones no han sido lo que quería o deseaba. He estado molesta, triste o preocupada de que las cosas nunca cambiarían. He guardado amargura y resentimiento hacia los demás y hacia mí misma. Me ha costado creer que mi vida era buena. Puede que mis circunstancias sigan siendo desafiantes, pero tengo un profundo sentido de aceptación. Aquí me encuentro. Estoy en paz con mis circunstancias.

Aun así, estoy tentada a confundir mis circunstancias con la fuente de mi contentamiento. Podría fácilmente intentar controlar mis circunstancias para controlar mi contentamiento. Incluso podría ignorar mis sentimientos de paz. Podría confundir mi contentamiento con conformismo.

Sin embargo, dejo que mis sentimientos permanezcan. Mi pecho está en calma. Mi mente está centrada.

Estoy tranquila. Acudo a Dios.

Una práctica para cuando me siento contento

Inhala: *Jesús...*
Exhala: *Me mantengo cerca de ti.*

Dios, abro mi corazón a ti.

Me siento contento.

Lo siento en mi cuerpo.

Dios, me invitas a mantenerme conectado a ti en todas las cosas y a través de todas las cosas.
Me mantengo presente en mi historia y en la que tú estás escribiendo en mí ahora.
En cada circunstancia, oro por permanecer en ti.
Como una vid que se aferra a una rama, permanezco en ti.
Como una niña que se acurruca en el regazo de su mamá, permanezco en ti.

Como una novia que desliza una alianza de promesas en el dedo de su esposo, permanezco en ti.

¿A dónde más puedo ir para encontrar esta paz para mi alma?
Mi vocación me fallará.
Mis relaciones me fallarán.
Mi cuerpo me fallará.
Mi mente me fallará.
Mi reputación me fallará.
Mi fuerza me fallará.
Pero tú, Dios, nunca fallas porque tu fidelidad es nueva cada mañana.

Tienes buenas intenciones para mi alma.
Seguiré atándome a ti.
Pongo mis pies no en *mi* camino, sino en el tuyo.
Me mantengo aquí.

Estos sentimientos de contentamiento brotan en mí y también echan raíces profundas dentro de mí.

Respiro en esta paz.
La siento.
La declaro.
La escribo.
La canto.
Me deleito en ella.
Doy gracias por ella, siempre y para siempre.

Sin importar cuáles sean las circunstancias, tú eres mi refugio.
En ti tengo todo lo que necesito.

Permanezco cerca de ti, mi Dios y mi fortaleza.

Gracias por tu gracia que me sostiene en todo momento.

Te adoraré todos los días de mi vida.

Palabra viva

Quiero oír tu voz.

> *Filipenses 4:11-13*
> No que hable porque tenga escasez, pues he aprendido a contentarme cualquiera que sea mi situación.
> Sé vivir en pobreza, y sé vivir en prosperidad. En todo y por todo he aprendido el secreto tanto de estar saciado como de tener hambre, de tener abundancia como de sufrir necesidad. Todo lo puedo en Cristo que me fortalece.

valiente

cómodo enfrentando cosas difíciles

El lenguaje de sentirse valiente

Un educador en la escuela de mi hijo ha estado tomando decisiones que me inquietan profundamente. He guardado silencio por mucho tiempo, pero no podía pasar otro día sin expresar lo que siento. Miré mi mano y vi que tenía un ligero temblor. De inmediato la sujeté con la otra para estabilizarla. Sabía que estaba molesta, pero no me había dado cuenta de cuánto. Sabía lo que debía decir, pero una vez que esas palabras salieran al aire, no podría retirarlas. Las palabras tienen consecuencias. Tengo algo que perder aquí: mi reputación, mi papel, mi apariencia de cordura. Pero mirar hacia otro lado ya no es una opción. Tengo miedo. Intento ver el otro lado de esta conversación. Miro lo que podría llegar. *¿Y si el resultado pudiera ser bueno?* Cuando pienso en lo que podría lograrse, mi valentía aumenta. Dejo que mi imaginación supere el posible dolor, ridículo, vergüenza y pérdida, y recuerdo el objetivo final. Recuerdo mi necesidad y mi valor más profundos. Quiero hacer lo correcto sin importar lo que pudiera costarme. Me siento valiente.

Confieso que, en mis emociones intensas, a menudo actúo antes de pensar en orar. Cuando el peligro se acerca, me siento tentada a reaccionar impulsivamente. Me siento como Pedro cuando cortó la oreja del soldado con una valentía imprudente (Juan 18:10). Me siento tentada a abandonar la valentía. En lugar de avanzar con valentía, a veces me derrumbo bajo su falta. Pierdo mi sensación de intervención y de poder. Me siento aplastada y derrotada. Me resisto a enfrentar lo que es peligroso o amenazante.

Por un momento, dejo que mis sentimientos permanezcan. Atiendo a mi corazón. Siento mi valentía sentada justo al lado de mi miedo. La siento en mi cuerpo.

Presto atención a mis pensamientos y a dónde me llevan. Quiero estar con Dios aquí. Dios va conmigo. A la guerra, a la batalla, al hambre, al sufrimiento, al duelo, a las cosas difíciles y a la muerte. No voy sola.

Una práctica para cuando me siento valiente

Inhala: *Jesús, Padre y amigo...*
Exhala: *Me apoyo en ti.*

Dios, abro mi alma a ti.

Me siento valiente.

Examina mi corazón. Revela cómo la valentía ha influido en mi historia.

¿He sido alguien que da un paso hacia la valentía, o lejos de ella?

Dame, Dios, valentía y más valentía.
Necesito fuerza de corazón para seguir adelante a pesar de mi miedo.
Mi temor puede ser un gran convincente.
Puede convencerme de que la única manera de avanzar es usar mi poder para obtener lo que necesito.
El temor también puede convencerme de entregar todo mi poder.

Ambas opciones, el control o falta de él, me alejan de ti.
Pero tú me das valentía como una invitación para acercarme más a ti.
La valentía llega al apoyarme en ti para entender, tener paz, claridad y sabiduría.

Por lo tanto, me apoyo en ti.

Me apoyo en ti cuando me siento mareado.
Me apoyo en ti cuando me siento débil.
Me apoyo en ti cuando quiero huir.
Me apoyo en ti cuando quiero lastimar o dañar.
Me apoyo en ti porque, al final, eres todo lo que tengo.

Cristo, tú eres mi centro.
Fortaleces la columna de mi alma. Tu valentía es mi valentía.

Cuando todas las palabras hayan sido dichas...
Cuando incline mi cabeza para dormir...
Cuando llegue al final de mi vida...
Quiero saber que viví con convicción.
Quiero saber que confié en ti.
Quiero saber que caminé con valentía.

Caminaré hacia adelante con audacia y amor, sabiendo que ningún daño puede deshacer tu obra en la cruz.

En mi alegría, que haya valentía.
En mi miedo, que haya valentía.
En mi dolor, que haya valentía.
En mi esperanza, que haya valentía.
En mi sacrificio, que haya valentía.
En mi búsqueda y recepción del perdón, que haya valentía.

En cada conflicto que haya delante de mí, que tome la cruz y encuentre la fuerza que necesito.

Que humildemente me arrodille en la encrucijada de la vida y la muerte, con la valentía de creer que la vida siempre prevalecerá, aunque esté cubierta en todos los sentidos con el aroma de la muerte.

Señor, gracias por la valentía que me has dado para enfrentar mi temor.

Ayúdame a presentarme, escuchar mi corazón, decir la verdad con amor y alejarme.

Gracias porque, cuando soy débil, tú eres fuerte.

Palabra viva

Dirijo mi corazón para escucharte.

> *Josué 1:9*
> ¿No te lo he ordenado Yo? ¡Sé fuerte y valiente! No temas ni te acobardes, porque el Señor tu Dios estará contigo dondequiera que vayas.

esperanzado
anticipar el futuro

El lenguaje de sentirse esperanzado

Cada día ha sido una batalla. Bueno, cada día durante años ha sido una batalla. Mi hijo lucha con ansiedad. Enfrentar situaciones nuevas es estresante. Regresar a lugares conocidos puede ser paralizante. Ha habido lágrimas, brazos y piernas envueltos alrededor de mí, y gritos. Pero hoy, entró a su salón de clase con un saludo y una sonrisa. Algo recorrió todo mi ser. Alivio. Después de todo este tiempo de espera, finalmente me siento esperanzada. Siento posibilidad. Siento anticipación. Mi corazón se hincha. La alegría estalla en mí. Estoy completamente presente.

A veces, me siento tentada a aferrarme a la esperanza como una fuente de fortaleza o a creer que soy la única responsable de mi futuro. En ocasiones, me aferro a una esperanza falsa. También puedo inclinarme hacia el otro extremo con la esperanza. Reprimo mis deseos y anhelos. Me enfoco en todas las cosas malas que podrían suceder o en los obstáculos que podrían interferir en lo bueno que el futuro podría traer. Mi esperanza se fragmenta en una serie de temores.

Sin embargo, en este momento me siento esperanzada. Dejo que este sentimiento permanezca. Permito que mi imaginación explore las posibilidades que tengo por delante sin aferrarme demasiado. No generaré falsas esperanzas ni daré lugar a mis temores. En cambio, dejo que la esperanza sea lo que es: un sentimiento. Permito que mis sentimientos de esperanza revoloteen dentro de mí. La siento en mi cuerpo. La siento en mi corazón, que late con emoción, en el paso ligero de mis pies, en la tranquilidad de mi mente que piensa con libertad. La esperanza llena mi cuerpo y mi alma. Abro mi corazón a Dios en oración con mi esperanza.

Una práctica para cuando me siento esperanzado

Inhala: *Jesús...*
Exhala: *Mi esperanza está en ti.*

Dios, abro mi corazón a ti.

Me siento esperanzado.

Siento la esperanza en mi cuerpo.

Sostengo mi esperanza con tierna vulnerabilidad.
Resisto la tentación de aferrarme fuertemente a la esperanza.
Resisto tratar de controlarla.
Resisto manejarla, minimizarla o convertirla en algo más de lo que es.
En cambio, simplemente recibo la esperanza que tengo en Cristo.

Recuerdo, Dios, que cada sentimiento es una invitación
al discernimiento.
Ayúdame a poner mi esperanza siempre en ti.
Tú eres mi esperanza y mi salvación.
Coloco todos mis anhelos bajo tu cuidado.
Atiendo a mis deseos y también los entrego a ti, oh Señor mi Dios.
Me aferro más a ti, Dios, que a lo que espero que se cumpla en
mi vida.

Más que riqueza, más que salud, más que sueños, más que éxito, más que estabilidad, más que cualquier cosa: pongo mi esperanza en ti.

Levanto mis ojos al cielo.
¿Qué esperanza mayor hay que tú?

Contigo, mi esperanza no tiene fin.
Aquí, mi corazón entra en contacto con tu amor por mí.

Tú eres el gran dador de esperanza.
Por tu gran amor, te amaré con cada aliento que me has dado.

Que todo lo que soy sea una ofrenda de amor para ti.
Que mi amor, deleite y gozo bendigan tu nombre.
Que mi esperanza permanezca siempre en ti.

Gracias por el regalo de la esperanza.
Gracias por la posibilidad de días más brillantes.
Gracias por un camino a través de lo que ha sido difícil.
Gracias por suplir mis necesidades.
Gracias por tu gracia que me sostiene.

Considero tu bondad hacia mí.
Medito en todos tus maravillosos caminos.
Reflexiono en el gozo que me has dado.
Incluso en todo lo que sigue siendo desconocido, esperaré en ti.

Tu esperanza me llena.
La recibo ahora con gozo.

Palabra viva

Señor, tus palabras son verdad. Te escucharé.

Romanos 15:13
Y el Dios de la esperanza los llene de todo gozo y paz en el creer, para que abunden en esperanza por el poder del Espíritu Santo.

nostálgico

un sentimiento tierno de añoranza

El lenguaje de sentirse nostálgico

Abro lentamente la puerta. Una fragancia familiar me rodea. La extraña combinación de especias y sudor solo puede encontrarse aquí. No había estado aquí por un tiempo. Tal vez una parte de mí quería mantenerme lejos. Sabía que estar aquí traería tiernos recuerdos. La ternura, aunque buena, también puede ser un lugar donde me lastimo con facilidad. Entro a mi antiguo hogar. Me siento completamente abrumada mientras mis sentidos recolectan información como una computadora: *clic, clic, clic*. Escucho las risas. Escucho música distante proveniente del estudio de mi papá. Escucho las manos de mi mamá trabajando mientras tararea un viejo himno frente a la estufa. Veo sombras corriendo a mi alrededor, como si el juego de las escondidas nunca hubiera terminado. Exhalo, y algo dentro de mí se eleva mientras otra parte de mí duele. La alegría es profunda, y el deseo de retroceder en el tiempo me seduce. Sonrío lentamente, y mis mejillas se redondean como dos duraznos. Me siento deliciosamente feliz. Hay algo bueno en estar aquí. Me siento nostálgica.

Confieso que este sentimiento me atrae y, al mismo tiempo, quiero rechazarlo. Tengo un anhelo profundo de hogar. Me siento tentada a detener mis emociones porque son tan tiernas. Este sentimiento se fragmenta en arrepentimiento, tristeza y miedo también. Debido a que estas emociones son tan poderosas, intento recuperar el control para protegerme del dolor.

Me siento tentada a seguir la nostalgia por un camino sin fin que me aleja de estar presente. La calidez de estos recuerdos satisface algo hambriento dentro de mí hasta el punto de perderme en el pasado. Quiero abandonar el presente por los pensamientos del ayer.

Permito que estos sentimientos permanezcan por un momento. Dejo que los recuerdos llenen mi mente.

Mi corazón está lleno de cariño por lo que fue. Escucho a mi cuerpo. Me quedo. Soy consciente de que los recuerdos me conducen a algún lugar. Adónde me llevan, no siempre lo puedo saber del todo, pero algo me atrae y me conduce de regreso a mi historia. Dirijo mi atención a Cristo.

Una práctica para cuando me siento nostálgico

Inhala: *Jesús, hermano y amigo…*
Exhala: *Que encuentre mi hogar en ti.*

Dios, abro mi corazón a ti.

Me siento nostálgico.

Lo siento en mi cuerpo, y me dejo llevar por las historias que has escrito en mi vida.

Tengo nostalgia por la vida que una vez viví.

Recuerdos de un tiempo feliz se avivan.
Un tiempo sin daño, sin prisa, sin dolor.
Anhelo la inocencia, la belleza y la paz.
Anhelo ser despreocupado, libre y cuidado.

Dios, mientras estos sentimientos surgen, me están guiando.
Me llevan a rostros y fragancias.
Me llevan a senderos y veranos.
Me llevan a risas y seres queridos que ya no están.
Todos estos sentimientos me invitan a un lugar: el hogar.

Estos sentimientos de nostalgia son tu invitación para regresar
al hogar.
No tengo que controlar mis sentimientos.
No tengo que permitir que me encierren en el pasado.
En cambio, dejo que estas sensaciones cultiven en mí un deseo más profundo de hogar.

Dejo que la tristeza, la pérdida y el anhelo me acompañen también.
Dejo que los recuerdos surjan sin ser el guardián de mi dolor.

Permito que lo que siento salga a la superficie.
Acepto la invitación con honor, porque viene de ti.

Aunque el duelo y la gratitud me acompañen en el camino, tú me invitas a ser amado.

Los recuerdos tiernos me satisfacen.

No me salvan por completo, pero me informan.
Extraño un lugar, una persona, una temporada que fue muy segura y muy buena.
El duelo es evidencia de que algo o alguien fue importante para mí.
El anhelo tira de mi corazón, pero también me consuela.

Dios, tú lo sabes.
Estuviste conmigo entonces, como estás conmigo ahora.
Ves los recuerdos que yo veo.

Escucho tus palabras de consuelo:

> *No se turbe su corazón; crean en Dios, crean también en Mí. En la casa de Mi Padre hay muchas moradas; si no fuera así, se lo habría dicho; porque voy a preparar un lugar para ustedes.*
>
> Juan 14:1-2

Esa temporada de bondad de años pasados no ha terminado.
Vive en la parte más segura de mi ser.
Se guarda como un relicario alrededor de mi cuello.
Conozco la grandeza del cielo ahora, gracias a lo que se me dio en el pasado.

Me siento nostálgico.
Recuerdo los recuerdos.
Entro en lo que una vez fue tan bueno y doy gracias porque eso ha moldeado quién soy ahora.
Dejo que mi nostalgia sea el lugar donde la esperanza me encuentre.

Dios, tú estás aquí.
Los anhelos llenan mi cuerpo como si fueran mi propia carne.

No solo alcanzo el pasado, sino que también recuerdo la esperanza profunda que tengo por la vida que está por llegar.

Creo en ti y en la promesa de darme la bienvenida al cielo.
Un hogar sin dolor ni lágrimas, con una alegría que nunca se desvanecerá.
En estas promesas, mi corazón está en paz.

Gracias por lo que una vez fue.
Gracias por lo que es ahora.
Gracias por toda la bondad que está por llegar.

Palabra viva

Señor, escucharé tu verdad.

> *Eclesiastés 3:1*
> Hay un tiempo señalado para todo, y hay un tiempo para cada suceso bajo el cielo.

5

indignación

Indignado: desaprobar intensamente algo ofensivo.
Horrorizado: experimentar algo muy negativo.
Enfermo: estar físicamente enfermo.
Indeciso: no saber qué hacer.
Incomprendido: no ser reconocido por quien realmente eres.
Intimidado: no querer hacer algo que sientes obligación de hacer en el futuro.
Resistencia: no querer involucrarte en algo que no es como debería ser o como quisieras que fuera.
Desagradable: no gustarte quién eres o lo que hiciste.
Abochornado: sentirte cohibido, avergonzado o incómodo.
Presión: la sensación asfixiante de cargar con las expectativas de los demás.

indignado

desaprobar intensamente algo ofensivo

El lenguaje de sentirse indignado

La película fue explícita. La historia era real. Mi cuerpo se siente increíblemente incómodo. Me duele el estómago. La perversidad en nuestro mundo es repugnante. Apenas puedo creer lo que está sucediendo. No puedo creer de lo que las personas son capaces. Mi alma está perturbada por el dolor y la injusticia. Mil pensamientos pasan por mi mente. Me siento indignada.

Soy tentada a deshacerme de mis sentimientos lo más rápido posible. No me gusta sentirme así. Quiero solucionarlo. Siento ira, irritación e incluso soledad también. En lugar de sentir lo que siento, trato de moverme hacia otra cosa. Me desvío hacia la culpa, o la autocompasión, o cualquier otra cosa. La indignación me está consumiendo por dentro. Me carcome. Me consume.

Mi cuerpo sostiene mis sentimientos. Mi estómago reacciona, mi espalda se tensa, mis piernas se sienten débiles. Mi cuerpo contiene mi incomodidad.

Por un momento, me permito sentir el peso de mis emociones. No controlo mis sentimientos ni finjo que no están ahí. Solamente siento. Mi alma necesita alimento. Necesito comprensión, compasión, sabiduría y palabras. Tal vez no necesito salir de este sentimiento. Necesito ser amada en medio de él.

Una práctica para cuando me siento indignado

Inhala: *Padre Dios...*
Exhala: *Ayúdame a aferrarme a tu gracia.*

Abro mi corazón a ti ahora.

Siento indignación.
Lo siento en mi cuerpo.

Dios, algo me ha perturbado, y no estoy bien.

Revélame cómo este sentimiento ha sido parte de mi historia.

Hay una advertencia en mi alma.
He absorbido algo que me está afectando ahora mismo.
Quiero que todo se resuelva.

Dios, incluso aquí, tú me invitas a tu presencia.
Quieres que todo mi ser permanezca cerca de ti.
No te conmueven las circunstancias, pero permaneces como una presencia constante de amor fiel.

Me invitas a estar contigo en todo lo que está mal en el mundo y en mí. Me invitas a digerir mi indignación contigo.
Ayúdame a dejar que este sentimiento fluya a través de mí.
Revélame tu amor, incluso si una parte de mí quiere resistirse.

Señor, ayúdame a aceptar tu ayuda.
Muchas veces quiero enfrentar las cosas yo solo.
Quiero reivindicarme.
Quiero enmendar las cosas, a otros y a mí mismo.
Señor, por favor ayúdame, incluso si me cuesta pedirlo.

Ayúdame a recorrer el camino de la disposición.
Ayúdame a no causar daño a otros ni a mí mismo.
Ayúdame.
En mi indignación, que pueda ser llevado a una dependencia más profunda en ti.

Dios, guíame a través de tu Palabra.

Necesito tu gracia.
Necesitamos tu gracia.
Puedo depositar mi esperanza en tu cuidado inmerecido.
Sella tu gracia en mi corazón, oh Dios.
Que sea lo que me libere.

Absorbo tu gracia.
La bebo.
Tu gracia mueve todo lo desagradable fuera de mí.

En mi indignación, creo en tu bondad, tu verdad, tu esperanza, tu amor.
Lo acepto todo.
Acepto la realidad de que no sé qué hacer.
Acepto que estoy aquí con el desorden que siento.

Tu gracia es la medicina que cura mi alma inquieta.

Tu gracia limpia todo lo que es feo.
Tu gracia desata todo lo que está enredado dentro de mí.
Tu gracia me libera para amar.
Tu gracia me ayuda a comenzar de nuevo.

En ti confío que todo lo que está mal será restaurado.
En esta vida o en la próxima, tu justicia restaurará todo lo que está mal.
Confío mi vida a tu cuidado.

De la manera más misteriosa, tú me encuentras aquí.
Aunque este sentimiento sea incómodo, me encuentro contigo a través de él.
Y por esto, te doy gracias.

Palabra viva

Te escucharé, Dios.

> *Salmos 57:1-2*
> Ten piedad de mí, oh Dios, ten piedad de mí,
> Porque en Ti se refugia mi alma;
> En la sombra de Tus alas me ampararé
> Hasta que la destrucción pase.
> Clamaré al Dios Altísimo,
> Al Dios que todo lo hace para mí.

horrorizado

experimentar algo muy negativo

El lenguaje de sentirse horrorizado

Él salió por la puerta sin mirar atrás. Su semblante era pesado pero contenido. Retuvo sus lágrimas. No quiso mostrarme su tristeza. Lo observé hasta que se alejó manejando. Mis ojos buscaban los suyos. Quería contacto. Quería que me asegurara con una sola mirada que todo estaría bien. Necesitaba una mirada, un gesto, un asentimiento, algo; sin embargo, en lugar de eso, se fue. Se llevó mi corazón con él. *¿Con qué me quedé?* Mi dolor estaba atado a su dolor. No puedo vivir conmigo misma sabiendo que lastimé a alguien. Lo he traicionado. Me he traicionado a mí misma. Ahora, mi interior me está castigando. Me siento enferma por lo que he hecho. Me siento horrorizada.

Solo quiero dejar de sentirme así. Tengo que sacar este sentimiento de mí. Me está devorando. No puedo comer. No puedo escapar; por lo tanto, en lugar de luchar, cedo a mis sentimientos. Pierdo el control. Me culpo. Me condeno. Me derrumbo. Creo que soy tan horrorosa como me siento. Nada funciona.

Por un momento, hago una pausa. Calmo mi alma. Escucho a mi cuerpo y mis pensamientos. Todo duele. Dejo que mis sentimientos estén ahí sin tratar de combatirlos o sucumbir a sus acusaciones. Simplemente me siento horrorizada. Quiero que esto termine. Pero, más que libertad, quiero ser encontrada por Dios. No quiero una solución temporal; quiero verdadera libertad.

Una práctica para cuando me siento horrorizado

Inhala: *Jesús...*
Exhala: *Ayúdame.*

Dios, abro mi corazón a ti.

Me siento horrorizado.

Lo siento en mi cuerpo.

Revélame, Dios, cuándo me he sentido así antes. Tal vez hay un dolor del pasado que aún no he sentido por completo.

Dios, parece imposible escapar a este sentimiento horrible.
Es una sensación desagradable que se pega dentro de mí.
Una cosa negativa tras otra me ataca.

Dios, ayúdame a dejar de intentar arreglar, trabajar, defender, justificar o atacar mi salida de este dolor.
Resisto la tentación de despegar y arrancar estas emociones complejas de mí.
Mientras muchas cosas desagradables se adhieren a mí, en lugar de luchar o rendirme a mis emociones, te pido ayuda, Dios.
Siento lo que siento.
Llevo todo de mí a tu amor.

Mis sentimientos horribles surgieron por mis acciones o las acciones de otros.
Quizá por ambas.
Pero aquí estoy.

Como la mujer sorprendida en adulterio (Juan 8:3-11), he llegado al final de mis fuerzas.
La culpa, la vergüenza y el miedo me han golpeado.
Cuando parece que no hay salida más que la muerte, tú, Jesús, abriste un camino.

Escribiste palabras en el suelo.
Palabras para ella.
Escribiste en el único lugar donde esta mujer podría recibirlas. Ella estaba con la cabeza gacha, el cuerpo abatido, los ojos bajos, y tú escribiste palabras donde ella las vería: abajo.

Por debajo de su vergüenza, su temor, su desesperación, su ira y su agotamiento, tú te inclinaste para estar con ella.

Viniste a la tierra para estar con nosotros.
Viniste al mal.

Viniste al caos.
Viniste al dolor.

Tu vida es una historia de descender.
Te inclinaste para servir.
Te inclinaste para lavar.
Inclinaste tu cuerpo para morir.

Cuando mi semblante está abatido, tú te inclinas junto a mí y me encuentras con gracia.

No tengo que soportar el peso de mis sentimientos negativos yo solo.
No tengo que ser sepultado por ellos.
En cambio, leo las palabras que has escrito para mí.

Me acerco a tus palabras que dan vida.
Miro hacia abajo, no con desesperación sino con la esperanza de que estás escribiendo palabras de sanidad en mi corazón incluso ahora.

Dices: *Espera, no estás solo, te veo, ven, nada puede separarte de mi amor, estaré contigo siempre, no confíes en el hombre sino en mí.*

Aquí mismo, con mi espíritu abatido, tú me encuentras.

Estás cerca de mí.

Me aferro a ti.

Te necesito.

Es solo por gracia que me encuentras en mis sentimientos horribles. Por tu bondad hacia mí, te doy alabanza.

Palabra viva

Esperaré para escucharte.

Juan 8:3-8
Los escribas y los fariseos trajeron a una mujer sorprendida en adulterio, y poniéndola en medio, dijeron a Jesús: «Maestro, esta mujer ha sido sorprendida en el acto mismo del adulterio. Y en la ley, Moisés nos ordenó apedrear a esta clase de mujeres. ¿Tú, pues, qué dices?».

Decían esto, poniendo a prueba a Jesús, para tener de qué acusarlo. Pero Jesús se inclinó y con el dedo escribía en la tierra. Pero como insistían en preguntar, Jesús se enderezó y les dijo: «El que de ustedes esté sin pecado, sea el primero en tirarle una piedra». E inclinándose de nuevo, escribía en la tierra.

enfermo

estar físicamente enfermo

El lenguaje de sentirse enfermo

Por días he estado aquí, sufriendo. Mi cuerpo me está traicionando. Poco de lo que hago marca una diferencia. Retengo el temor como si fuera un dique. Estoy demasiado débil para dejar que mi mente divague hacia lugares peligrosos. El miedo se enrosca alrededor de mí como una serpiente: lento, astuto e implacable. Intento descansar. Intento relajarme. Intento sanar, pero soy impaciente con el proceso. Quiero estar mejor. Quiero regresar a la vida normal. Quiero recuperar mi rutina. Me siento resentida con quienes pueden seguir adelante con sus vidas. Apenas puedo pensar con claridad. Deseo con desesperación que las cosas cambien, pero me siento impotente. Siento mi incapacidad para controlar nada. No me gusta necesitar ayuda ni ser una carga. Pero aquí estoy. Me siento muy enferma.

Este dolor es una interrupción en mi vida. Intento superarlo. Trato de levantarme y retomar la vida antes de que mi cuerpo esté listo. Ignoro mi cuerpo y mi corazón, y sigo adelante con el dolor.

Pensamientos silenciosos se cuelan y susurran: *Nunca mejorarás.* Estos pensamientos oscuros pesan mucho sobre mí. En un instante, me siento abrumada por la desesperación, la desilusión, o un desánimo que crece lentamente.

Siento dolor físico y dolor emocional. Todo en mí duele. *¿Qué hago cuando mi cuerpo está débil y mi corazón se debilita todavía más?* Cierro los ojos y siento el peso de mi enfermedad. Mi alma está cansada. Quiero salir de esto, pero más que nada, quiero saber que Dios no me ha abandonado.

Una práctica para cuando me siento enfermo

Inhala: *Padre Dios...*
Exhala: *Ayúdame a estar aquí.*

Dios, abro mi corazón a ti.

Me siento enfermo.

Mi cuerpo no está bien.

Revélame cómo la enfermedad ha impactado mi historia.

Quiero estar afuera, en el mundo, con las personas que amo.
Quiero que mi rostro sienta la calidez del sol.
Quiero que mis manos toquen la tierra desmoronada.
Quiero estar en cualquier lugar menos aquí, con mi cuerpo atado a esta cama.
Quiero moverme sin que mi cuerpo grite.
Siento que estoy siendo retenida como rehén.

Quiero ser normal.

No quiero estar aquí.
Te ruego alivio.
Te suplico que cambies la marea de mi dolor.

Dios, ayúdame a estar donde tanto me resisto a estar.
Escucha mi angustia.
Escucha mi incomodidad.

Escucha mi petición de otro camino.
No tengo nada que dar.
Mis palabras son apenas un suspiro.
Mi cuerpo está desgastado por la enfermedad.
Estoy muy cansado.

Las personas vienen y van.
Su presencia es un regalo.
La bondad de otros es un breve bálsamo para mi alma.
Los rostros de buenos sanadores ayudan y ofrecen esperanza.
Bebo de este consuelo.
Bebo de esta gracia.
Pero, al final, soy yo quien se queda aquí, solo en mi cuerpo.

Dios, te pido que, por favor, no me pierdas de vista.
Por momentos puedo sentirme olvidado, frustrado, agradecido, e incluso triste.
Hay una tormenta de sentimientos dentro de mí.
Ya sé que no debo dejarme arrastrar por el mar de mis emociones.
Debo intentar mantener un centro calmado porque sentir todas mis emociones requiere una energía que mi cuerpo necesita para descansar.

Escucha mi oración pidiendo ayuda.

Ayúdame a ser paciente.
Ayúdame a descansar.
Ayúdame a aceptar la vida que me has dado.
Ayúdame a encontrar respuestas.
Ayúdame a saber que eres digno de confianza para sostener mi dolor.

Tú eres el Dios que creó el cielo expansivo y las estrellas.
Sostienes todo y a todos dentro del límite de tu amor.
Apenas una palabra tuya basta para contener el mar.
Eres el Dios que contiene mi dolor.
Tú, Señor, le dices al océano de mi dolor que se detenga y no vaya más allá de lo que puedo soportar.

Incluso aquí, cuando mi cuerpo está débil y mi corazón es frágil, puedo confiar en que tú, Señor, no dejarás que las olas de mi dolor superen tu consentimiento. A mi dolor le dices: "No pasarás".

Que mi enojo, mi desesperación y mi desánimo sean evidencia de mi fe en ti, Dios.

Esta cama no es una prisión, sino un lugar que me has dado para descansar en la gracia de cada respiración.
Aquí, sano.

Yo no habría elegido este camino.
El camino de la debilidad puede ser un caminar solitario.
Sin embargo, para mi sorpresa, he descubierto un secreto que los fuertes no conocen.

Te conozco a ti de una manera profunda y pura.
Te conozco a ti de una manera casi sagrada.
Conozco tu voz y tú conoces la mía.
Conozco el regalo de cada respiración.

En los momentos de quietud, incluso puedo dar gracias porque, en la enfermedad y en la salud, tú eres todo lo que tengo.

Mi cuerpo roto encuentra comunión en tu cuerpo roto.
Tú también conoces la enfermedad y el sufrimiento.
En mi cuerpo, no estoy solo.

Todo es gracia.

Palabra viva

Quiero escuchar lo que tú tienes que decir.

> *Salmos 73:26*
> Mi carne y mi corazón pueden desfallecer,
> Pero Dios es la fortaleza de mi corazón y mi porción para siempre.

indeciso

no saber qué hacer

El lenguaje de sentirse indeciso

Estoy sentada en la sala de espera. Mis médicos recomiendan medicación. Dicen que me ayudará a sanar, pero me preocupa cómo podría afectarme negativamente. La conversación da vueltas una y otra vez sin llegar a ninguna resolución. No sé qué hacer. Mi cuerpo, mi mente y mis emociones están bloqueados. Estoy estancada. Me siento tentada a trabajar duro para encontrar una respuesta. Pienso y vuelvo a pensar. Considero todos los escenarios posibles; pero no importa lo que haga, nada me da una respuesta. Pospongo y demoro todo lo que puedo porque tomar una decisión es muy difícil.

Me quedo con mis sentimientos de indecisión sin avanzar hacia una solución ni huir. Mi corazón se siente tenso. Me siento agotada, frustrada, frenética, ansiosa. Por un momento, no necesito encontrar una respuesta, sino quedarme con la angustia que viene con no tener una. No sé qué hacer. Sigo esperando. Quiero una respuesta. Quiero conocer la voluntad de Dios.

Una práctica para cuando me siento indeciso

Inhala: *Señor Dios...*
Exhala: *Ayúdame a esperar en ti.*

Abro mi corazón ante ti, Dios.

Me siento indeciso.

Lo siento en mi cuerpo.

Revélame qué está pasando realmente en mi corazón.

¿A qué me estoy resistiendo en realidad?

Dios, mi alma está angustiada.

Tú, Dios, te encuentras conmigo en este sentimiento incómodo.
En este lugar de terreno rocoso, tú acudes a mi lado.
Contigo, intento confiar en que sin importar qué decisión tome, estaré bien.

Mientras me quedo en este lugar de espera, por favor dame discernimiento. Mientras permanezco aquí, ayúdame a ser sincero. Mientras permanezco aquí, ayúdame a tener la valentía de enfrentar mi dolor.
Afina mi corazón para escuchar tu voluntad y tu camino.
Afina mi corazón para escuchar mis deseos y mis desórdenes también.
Afina mi corazón para escuchar.

Espíritu de Dios, ayúdame a escuchar.
No escucho las voces que producen pánico en mí.
Esas voces de pánico vienen acompañadas de vergüenza, condena, presión o culpa.
Esas son las voces que sin saberlo susurran: *Eres responsable del resultado de tu vida. Si cometes un error, tu vida se arruinará.*

Tu voz suena diferente, Dios.
Al seguir tu voz, siento como si estuviera pisando una roca que puede sostener mi peso.
Incluso con temor, el suelo sobre el que camino me sostendrá.

Muchas voces tratan de informar mi alma.
Algunas me sostienen y otras me hacen resbalar.
Cuando piso piedras que debo sostener por mi cuenta, seguramente me hundiré.
Pero cuando piso piedras de fe, tendré tenor, pero no caeré.
Dios, este es el camino del discernimiento.

Dios, te confío mi vida.
Dios, confío en que no permitirás que esta decisión me separe de tu amor, gracia, perdón, provisión, esperanza y paz.

Dios, por favor provee personas dignas de confianza, milagros, palabras de sabiduría y luces en la oscuridad que dirijan mi camino.

Con el tiempo, confío en que piedra a piedra, tú harás un camino para mí. En amor, me guiarás hacia la respuesta que sé que es correcta, verdadera, difícil, pero finalmente buena.

Por este momento, recuérdame tu amor por mí.
Tú no me apresuras ni me apuras.
No me avergüenzas.
Mi indecisión no te aleja de mí.
Eres paciente conmigo.

Este lugar de indecisión es el mismo lugar donde tu amor se derramará.
Por tu profunda gracia que me guía, te doy gracias.

Palabra viva

Tus palabras son verdad. Te escucharé, Señor.

> *Salmos 130:6*
> Mi alma espera al Señor
> Más que los centinelas a la mañana;
> Sí, más que los centinelas a la mañana.

incomprendido

no ser reconocido por quien realmente eres

El lenguaje de sentirse incomprendido

Intercambiamos mensajes de texto. Leí cada mensaje varias veces. ¿Qué estaba diciendo? Escribí mi respuesta lentamente. Presioné *enviar*. Luego esperé. No hubo respuesta. Varias veces durante los siguientes días volví a leer nuestro intercambio incómodo. Quería retirar mis palabras, o explicar en exceso lo que había escrito, o eliminar todo el mensaje por completo. Aborrezco sentirme así. ¿Cómo decir las cosas de la manera perfecta para que mis intenciones sean entendidas? Aborrezco ser colocada en una caja de la que no puedo salir. Odio cuando alguien me descarta o supone cosas que no son ciertas sobre mí. Me siento atrapada, y cada opción me parece dolorosa y difícil.

Reacciono rápidamente. Reacciono planeando mis acciones de tal manera que nadie pueda malinterpretarme de nuevo. Manejo mis sentimientos. Explico en exceso o analizo la situación desde todos los ángulos posibles. También me volteo hacia adentro con mis emociones. Lucho conmigo misma. Lucho con mis *debería*. Me agoto tratando de resolver las cosas. He estado aquí antes. He sido el receptor de acusaciones. Me siento atrapada y vulnerable. La única salida que veo es vivir con un muro de protección a mi alrededor.

Por un momento, dejo que mis sentimientos sean lo que son, sin tratar de hacer nada más. Solo siento. También siento mi cuerpo. Mi mandíbula está tensa, mi estómago se retuerce, no puedo dormir. Mis pensamientos corren con argumentos internos, confusión, enojo y angustia. Solo quiero resolver la situación para no tener que sentirme así nunca más. Incluso aceptaría la responsabilidad por errores que no cometí, solo para liberarme de estos sentimientos. Pero resolver esta situación no resuelve realmente mi dolor. Mi dolor de no ser vista, conocida o completamente amada ha estado ahí por mucho tiempo. No hay una manera fácil de salir de lo que siento. En cambio, Dios me invita a quedarme con mis sentimientos *con* Él.

Una práctica para cuando me siento incomprendido

Inhala: *Dios, mi Padre...*
Exhala: *Escucha mi oración.*

Abro mi corazón a ti.

Me siento incomprendido.

Examina mi corazón, oh Dios. Revélame en qué momento de mi historia me he sentido así antes. ¿Hay dolor en mi pasado que aún no he sentido?

Si es así, guíame en el camino de la sanidad.

Dios, necesito tu cuidado y compasión.
Mis sentimientos de ser incomprendido son una señal de que mi alma está atascada en algún lugar.
He sido malinterpretado por otra persona.
Eso me hace sentir terrible por dentro.
No importa cuánto me esfuerce, sigo sintiéndome maltratado, juzgado y etiquetado injustamente.

Dios, quiero salir de este sentimiento, pero más que libertad instantánea, quiero una sanidad profunda.
Tú, Dios, conoces mi historia.
Sabes cuántas veces he deseado ser conocido, pero he sido pasado por alto por personas que se suponía debían buscarme.
Fui ignorado, no creído, o jugué un papel para mantener la paz.
Pero todo el tiempo, permanecí invisible.

Mis sentimientos ahora recuerdan lo que he sentido por tanto tiempo.
Dios, con todo mi ser, quiero ser conocido.
Este anhelo lo coloco sobre los hombros de otras personas.
Les doy el peso de mi dolor para que lo resuelvan.

Puse demasiado de mi importancia sobre los hombros de otra persona. Necesité que esa o aquella persona me entendiera de cierta manera para sentirme validado.
Creí que, si me entendían, mi dolor desaparecería.

Sin embargo, esa es una carga que no pueden soportar.
El peso es demasiado grande.

Pero no estoy solo.
Tú vas conmigo a las profundidades oscuras, oh Dios.
Siembras comprensión en los rincones más profundos de mi alma.
Al conocerte, comienzo a conocerme a mí mismo.
Al conocerme a mí mismo, te conozco a ti.

Dame la valentía para enfrentar las partes desconocidas de mi propio corazón.

Ayúdame, Dios, a ser honesto.
Tengo miedo de ver partes de mí que no quiero ver.
Tengo miedo de ver los lugares donde, de hecho, podría estar equivocado.
Ayúdame a recibir a los demás con amor, sin importar cómo me perciban.

Dios, doy a los demás el derecho a equivocarse acerca de mí.
Dejo ir la necesidad de ser visto como muy bueno a los ojos de todos.
Suelto mi reputación.
Me coloco en el asiento del juicio y acepto todo lo que llegue.

¿*Cuál es mi defensa?*

Soy tu hijo.

Te pertenezco solo a ti.

Este asiento, aunque se lancen juicios falsos hacia mí, no es un asiento de ejecución sino un trono de gracia.
Aquí es donde me encuentras.
Aquí es donde te encuentro.
Aquí es donde ocurre la sanidad en mí.

Porque la herida en la grieta, donde las acusaciones incontrolables se lanzan hacia mí y mi dolor es atravesado, es el mismo lugar donde tu amor se derrama.

Dios, para siempre soy recibido y comprendido por ti.

Palabra viva

Tus palabras son las palabras de vida. Estoy escuchando.

> **1 Corintios 13:11-12**
> Cuando yo era niño, hablaba como niño, pensaba como niño, razonaba como niño; pero cuando llegué a ser hombre, dejé las cosas de niño. Porque ahora vemos por un espejo, veladamente, pero entonces veremos cara a cara. Ahora conozco en parte, pero entonces conoceré plenamente, como he sido conocido.

intimidado

no querer hacer algo que sientes la obligación de hacer en el futuro

El lenguaje de sentirse intimidado

No quiero reunirme para tomar un café. He pospuesto esta cita todo lo que pude. He estado evitando esta conversación por mucho tiempo. Es una conversación difícil de tener. Hemos sido amigos por mucho tiempo, pero he sido herida muchas veces. No puedo seguir así. Pero ahora que hay una fecha en el calendario, quiero encontrar una salida. Busco en mi mente excusas que no sean mentiras: estoy demasiado cansada, tengo otro conflicto, estoy sobrecargada. Todas son ciertas, *en parte*. Me intimida lo que sucederá. Estoy tentado de evitar comunicarme porque quiero evitar este sentimiento. El peso de tratar de romper mis planes me parece casi peor que mantenerlos. Si voy, estaré pero me iré rápido. Me apresuro a pasar por mi temor porque no quiero enfrentar las cosas difíciles. Cumpliré mi palabra, pero no me quedaré mucho tiempo. Lo superaré. El molesto deseo de simplemente terminar con esto me persigue. Me doy cuenta de que el resentimiento está entrando. Me enoja tener que hacer algo que no quiero hacer. Me doy golpes por haber dicho sí. La idea de ir me hace sentir mal. Cancelar se siente complicado. No veo una salida. Me siento horrible de cualquier manera.

Por un momento, me permito quedarme con este sentimiento de intimidación. Mi cuerpo está empapado de él. Lo siento en mi espalda, en mi estómago, en mi pecho. Me resisto a apartarlo. Dejo que el peso de este sentimiento me envuelva. Observo todas las maneras en que quiero resolver mi problema. Si tan solo pudiera resolver el problema, no me sentiría así. Pero esto no es del todo cierto. Es una solución temporal. Hay una razón por la que siento intimidación que va más allá de esta circunstancia. No quiero sentirlo, pero más que nada, quiero entender mi propia alma. Quiero conocer a Dios en este momento.

Una práctica para cuando me siento intimidado

Inhala: *Oh Señor, mi Dios...*
Exhala: *Estás conmigo aquí.*

Dios, abro mi corazón a ti.

Me siento intimidado. Lo siento en mi cuerpo.

Mis sentimientos de temor son una señal para mí de que mi alma necesita cuidado.

Atiendo curiosamente mi alma con bondad y valentía.

Recuerdo que tu mayor intención para mi vida es amarme.

Dios, he sentido temor antes.

No quiero hacer lo que está delante de mí.
He dicho sí cuando algo dentro de mí dice no.
En algún momento de mi historia aprendí a dejar de lado mis deseos.
Mis palabras no eran congruentes con mis deseos reales.

Creo que hay momentos en los que decir sí, aunque no sea conveniente o deseable.
Pero, incluso en esas ocasiones, tú me invitas a involucrar mi corazón en el proceso.

Ayúdame ahora, oh Dios.

Mi cuerpo no está en alineación con mi corazón.
Que las palabras de mi boca sean un reflejo verdadero de mi corazón.
Ayúdame a creer que puedo ser amado cuando digo sí y cuando digo no.

Tú me invitas a caminar en amor y a ser moldeado en amor.
En este lugar de intimidación, oh Dios, tú me has dado
una elección.

La elección no es salir de mi temor o ser vencido por él, sino estar contigo en él.

Dios, atiendo a tu amor por mí con honestidad.
No quiero hacer esto.
No quiero ir.
No quiero enfrentar lo que está delante de mí.
Esto le quita más a mi alma de lo que creo que tengo para dar.

Dios, camina conmigo.
Tú vas conmigo en bondad.
Tú vas conmigo y me amas libremente.
Tú vas conmigo hacia la muerte.
Tú vas conmigo, delante de mí, y permaneces siempre a mi lado.

Que todo lo que soy sea una bendición para ti.
Que mis palabras, mis acciones y toda mi vida sean una ofrenda viviente de amor para ti, mi Dios.

Dios, en lugar de sacarme de mi temor, que tu amor me encuentre en él.

Señor, escucha mi oración.

Palabra viva

Tú declaras las palabras de vida. Quiero escucharte.

> *Efesios 5:2*
> Y anden en amor, así como también Cristo les amó y se dio a sí mismo por nosotros, ofrenda y sacrificio a Dios, como fragante aroma.

resistencia

no querer involucrarte en algo que no es como debería ser o como quisieras que fuera

---

El lenguaje de sentir resistencia

    Ella pidió amablemente ayuda. Agarré el teléfono para responder sí, aunque algo dentro de mí se tensaba. Algo dentro de mí también decía no. Lo que está delante de mí no es ni completamente bueno ni completamente malo, pero mi alma siente una señal de alto. Siento resistencia. Lo dejé pasar porque no tiene sentido para mí. Digo: "¡Me encantaría ayudar!". Sentí que *podía* ayudar, así que *debía* ayudar. Inmediatamente, mi corazón se hunde. Estoy abrumada. Ignoré las señales de advertencia. Soy buena en evitar mi propio corazón. Me perdí a mí misma en esta decisión. Pasé por encima de lo que realmente sentía, que era agotamiento. Añadí más a mi plato. No es que deba decir no cada vez que lo sienta; es que no me tomé el tiempo de involucrar a Dios y a mi corazón en el proceso antes de responder. Ahora que me he comprometido con una tarea que en realidad no quiero hacer, siento una fuerte resistencia.

    Estoy tentada a huir o a atravesar mi resistencia. Pero, por un momento, saludo mi resistencia con bienvenida. Que se quede. Le doy espacio. Puedo sentir mi cuerpo tensarse. Mi pecho se aprieta como si mi cuerpo se estuviera preparando para algo. Algo dentro de mí me hace querer detenerme. Me siento un poco molesta. Quiero entender el regalo de este sentimiento. Tal vez Dios quiera invitarme a su amor a través de él.

Una práctica para cuando siento resistencia

Inhala: *Padre Dios...*
Exhala: *Ayúdame a habitar en tu amor.*

Abro mi corazón a ti, Dios.

Siento resistencia.

Permíteme ver cómo la resistencia ha moldeado mi historia.
Dios, hago una pausa.

Tú estás haciendo espacio para que mi alma tensa respire.
Me das permiso para esperar.
Me has mostrado mis verdaderos deseos a través de mi cuerpo.
Tú me invitas a descansar al lado del camino de mi resistencia y recibir cuidado.

Mi alma se ha torcido.
Tú me invitas a frenar y a comprometer mi corazón con el tuyo.
Me invitas a recordar que tú cuidas de los lugares dentro de mí que tan fácilmente descuido.

Pero aquí, mientras me acerco a la quietud, el agua turbia bajo mis pies comienza a volverse clara.
Puedo ver lo que realmente está pasando en mi alma.
Me siento cansado.
Me siento molesto.
Me siento preocupado.

Mientras descanso, escucho muchas cosas.
Escucho mis pensamientos.
Escucho mi temor.
Escucho mi angustia y mi enojo.

Ayúdame a escuchar también tu amor.

Tú me das palabras que alimentan mi alma.
Tú irás conmigo.
Tú me darás paz.
Lucharás por mí.
Me sustentarás a través de cualquier circunstancia.

Dios, ayúdame a ser sabio con el corazón que me has dado.
Ayúdame a escucharlo.
Ayúdame a ser amable con los susurros que me ofrece.
Ayúdame a apoyarme en tu Palabra para el alimento que mi alma necesita.

Ayúdame a no temer a mi resistencia, sino a recibirla y crecer con ella. Que pueda ser curioso sobre mis sentimientos y encontrar bondad para conmigo en el proceso.

Porque la resistencia se convierte en el siguiente peldaño de la escalera que me lleva cerca de ti.

Recibo esta resistencia como un regalo porque me acerca a ti.

Que la resistencia que siento sea la puerta que me lleve a tu lugar de morada, que es amor.

Tú estás conmigo cuando me detengo.
Estás conmigo en esta situación desafiante.
Estarás conmigo al otro lado de ella.

Gracias, porque incluso aquí, tu amor me recibe con gracia.

Palabra viva

Dios, estoy escuchando.

> *Efesios 5:15 (NVI)*
> Así que tengan cuidado de su manera de vivir. No vivan como necios, sino como sabios.

desagradable

no gustarte quién eres o lo que hiciste

El lenguaje de sentirse desagradable

Mi imaginación se ha convertido en mi enemiga. He dejado que mi mente se vaya a lugares lejanos, y no sé cómo regresar. Dejé caer mis muros y exploré escenarios tentadores pero peligrosos. Y ahora me siento desagradable por dentro. Casi me siento enferma. No puedo quitarme este sentimiento. Quiero rasparlo pero, como la miel, se pega a mí. Está adherido a mí. Me siento repulsiva. No quiero que otros estén cerca de mí. Tampoco quiero estar cerca de mí. No logro escapar de ello. Lo que hice me atormenta. Casi me persigue. Estoy tentada a deshacerme de este sentimiento pensando en cómo salir de él. Planeo maneras de sacar toda la suciedad que llevo dentro. Me mantengo ocupada. Cuando eso no funciona, culpo a otros por la situación en la que estoy. Tomo demasiada responsabilidad o no la suficiente. Evito mi corazón. Me canso de luchar contra mis sentimientos, así que caigo en ellos. Me ahogo en ellos. No encuentro una salida, así que me hundo en mi vergüenza y en narrativas falsas. Cedo a la autocompasión. Nada de lo que hago parece marcar una diferencia. No puedo imaginarme alguna vez limpia por dentro. Me siento atrapada. No quiero entrar en mí misma. No sé cómo salir.

Dejo que mi repulsión se quede. No puedo sacudirla de mí. Me siento inquieta, incómoda y molesta. Acepto esa condición de mi alma en este momento. Acepto que soy impotente para limpiarme. Soy impotente para liberarme. Soy impotente para controlar cómo responde mi corazón. Que la promesa del amor de Dios sea la sustancia que me haga libre.

Una práctica para cuando me siento desagradable

Inhala: *Jesús...*
Exhala: *Purifícame.*

Me siento desagradable.

Lo siento en mi cuerpo.

Dios, abro mi corazón a ti.

Quiero una salida.
Lucho con quién soy.
Desearía ser diferente.
Me siento asqueado por las cosas que he hecho, las cosas que he dicho y los pensamientos que tengo.
No puedo limpiarme por dentro, aunque he probado diferentes estrategias.

Mi suciedad se puede fragmentar en otros sentimientos: envidia, enojo, vergüenza, culpa, soledad.
Solo quiero que la inmundicia que siento se vaya.

Alejo a los demás.
Te alejo a ti.
Dios, para ser sincero, temo que tú me recibas de la manera en que yo me recibo a mí mismo: con rechazo.
Una parte de mí se siente peor al acercarse a ti o necesitarte.
Estoy tentado a golpearme a mí mismo para mejorar.
No quiero estar cerca de mí, de ti, ni de nadie.

Pero, Dios, deseo estar limpio.

¿Puede tu amor encontrarme incluso aquí?

Dios, que esta suciedad sea el indicio que me conecte contigo.
No resentiré mi necesidad de necesitarte.
En cambio, abro mi corazón necesitado a ti.

Este lugar en el que me encuentro es precisamente el lugar donde tú prometes encontrarme.
En mi suciedad, tú dices *ven*.
En mi repelencia, tú dices *quédate*.
En mi vergüenza, tú dices *amado*.

Si he pecado, lo digo.
Si me equivoqué, lo digo.
Si ni siquiera sé por qué me siento como me siento, lo digo.

Tu amor cubre mi alma sucia.
Eres imparable al buscarme, incluso si yo estoy huyendo.
No me ves como detestable, sino como deseable.
Moriste para poder estar cerca de mí en mi estado repelente.
Tomaste el rechazo para que yo no tuviera que hacerlo.

Respiro.

Tú limpias mi alma.
"Aunque sus pecados sean como la grana,

Como la nieve serán emblanquecidos.
Aunque sean rojos como el carmesí,
Como blanca lana quedarán." (Isaías 1:18)

Te dejo acercarte.
Te dejo amarme.
Te dejo quedarte a mi lado.

Incluso aquí, con lo sucio que me siento, tu gracia se acerca a mí.
Por esto, te doy gracias.

Palabra viva

Tus palabras son verdad. Escucharé.

> **Juan 14:6**
> Jesús le dijo: Yo soy el camino, la verdad y la vida; nadie viene al Padre sino por Mí.

abochornado

sentirse cohibido, avergonzado o incómodo

El lenguaje de sentirse abochornado

Estoy teniendo dificultad para olvidar la expresión en su rostro cuando dije lo que dije. No estaba pensando cuando solté la respuesta. Él se mostró horrorizado. Después, se rio. Debí saber que no debía hablar tan rápido. Debí saber que no debía demostrar lo poco que sabía. Debí saber la respuesta. ¿Cómo no la supe? Ahora estoy atrapada con esa mirada que él me mostró. Me sentí muy incómoda. No sabía qué decir en ese momento, así que reí junto con él. Mi secreto ya salió a la luz.

La vergüenza se cuela. Me siento incómoda. Inquieta mi sensación de mí misma, ya desordenada. Me angustio cuando las cosas de las que me siento insegura son expuestas. Aborrezco que me vean a través de una lente que no puedo controlar. Cometí un error. No volverá a suceder. Lo compensaré. Seré mejor la próxima vez. Estoy tentada a cubrir lo bochornoso que hice. Estoy planeando una forma de deshacerlo. Haré cualquier cosa para compensar mi torpeza. Incluso iría tan lejos como para hacerme la tonta, fingir que estoy bien, o mentir. No quiero sentir tanto mi bochorno como para incluso alejarme de la relación. Es muy difícil enfrentar la verdad. Preferiría desconectar o irme.

Por un momento, dejo que mis sentimientos sean lo que son. Escucho mi cuerpo, que guarda mi dolor y mis historias. Mi piel se siente agitada. Quiero esconderme. Noto las maneras neuróticas en las que quiero manejar mis sentimientos. Mi alma necesita cuidado en este momento. Necesito algo que no puedo darme a mí misma. Quiero escapar, pero lo que más quiero es que Dios me ayude a sanar.

Una práctica para cuando me siento abochornado

Inhala: *Mi Señor Dios...*
Exhala: *Limpia mi alma.*

Me siento abochornado.

Dejo que mis sentimientos sean lo que son.

Otros sentimientos surgen: vergüenza, disgusto, incomodidad, agitación.

Siento mis sentimientos surgiendo en mi cuerpo.

Examina mi corazón, Dios.

Clamo a ti.

Revélame cuándo me he sentido así en mi historia antes.

Dios, mis sentimientos son una señal de que mi alma necesita más cuidado.
Estoy tentado simplemente a cubrir lo que siento o huir.

Quiero borrar lo que pasó y simplemente seguir adelante.
Pero, aunque mi cuerpo avance, mi corazón sigue atrapado en este momento.
Tu amor es lo único que puede limpiar mi bochorno.

Dios, ayúdame a discernir si lo que hice fue pecado.
Si es así, dame el valor de hacer las paces y recibir tu compasión.
Si mis acciones no fueron pecado, ayúdame a dejar de lado la falsa vergüenza que viene con acusaciones agudas.

Dios, abro mi corazón a ti.

Dejo que me veas tal como soy con todos los sentimientos incómodos y molestos.
Me siento vulnerable por las cosas que he hecho.
No quiero que nadie lo sepa.
No quiero que nadie me vea.
No quiero sentir lo que siento.

Me pregunto cuándo en mi historia he sentido estos sentimientos antes.

Quiero verme con sinceridad.
Tú me invitas ahora al pozo.
Aquí, Jesús, tú me conoces y me recibes.
Aquí, tú me das agua fresca para mi alma.
Aquí, tú revelas tu bondad hacia mí incluso en mi bochorno.

En el pozo, tú me ofreces agua viva.
Este agua me satisface, pero también me sustenta.
Esta agua me expone pero también me limpia.
El agua viva me alimenta.

En el pozo, mi necesidad está desnuda, pero también estoy a salvo.
Puedo ser visto sin tener que esconderme.
Puedo ser amado sin tener que demostrar nada.
Puedo ser libre sin tener que forzar nada.

Cuando siento la angustia de mi incomodidad, tú me das agua.

Cuando me siento autocrítico y nervioso por lo que dije o hice, tú me das agua.

Cuando siento que la vergüenza se pega a mí, voy tímidamente al agua, donde tú me esperas.

Tú me recibes, me deseas, te acercas a mi lado.

Tú sabes todo lo que he hecho, y me miras con ojos de compasión.

Miro hacia ti.

Tú dices: *Bienaventurados los humildes, pues ellos heredarán la tierra* (Mateo 5:5).

Dios, tú me encuentras en mi vergüenza (mansedumbre).
No solo me limpias, me bendices.
No solo me persigues, me exaltas.
No solo me amas, me levantas.

Incluso en la suciedad que siento, tú ofreces más y más gracia.
Es a través de mis sentimientos de vergüenza que encuentro
tu gracia.

Aquí, soy amado.

Aquí, soy querido.

Palabra viva

Hago una pausa para escucharte.

> *Juan 4:13-15*
> Jesús le respondió: «Todo el que beba de esta agua volverá a tener sed, pero el que beba del agua que Yo le daré, no tendrá sed jamás, sino que el agua que Yo le daré se convertirá en él en una fuente de agua que brota para vida eterna». «Señor», le dijo la mujer, «dame esa agua, para que no tenga sed ni venga hasta aquí a sacarla».

presión

la sensación asfixiante de cargar con las expectativas de los demás

El lenguaje de sentir presión

Siento mucha presión. No puedo escapar de ella. Las expectativas se acumulan. Esta presión me empuja hacia abajo. Me cuesta respirar. Debo ser fuerte. Debo estar atenta. Debo cargar con todo. Lo que los demás ven no es lo que realmente está sucediendo dentro de mí. En mi interior estoy quebrándome bajo esta presión de seguir el ritmo. Si fracaso, los demás caen. El miedo a eso es duro. Dentro de mí me siento débil, frágil y asustada. Sigo adelante. No dejo que los demás vean mi dolor. No dejo que nadie vea lo mal que realmente me siento. Porque, si me detuviera a escuchar, oiría cuán indigna me siento. Uso mis acciones como una medida para afirmar mi poder, pero en realidad siento que estoy en un carrusel del que no puedo bajar. Así que sigo manejando la presión. La ignoro intentando vencerla. Trato de correr más rápido que ella. Trato de controlarla. Intento hacer trucos para minimizarla, como hacer ejercicio, gestionar mi tiempo, o escapar de la realidad enfocándome en el futuro.

Siento la tentación de ceder a la presión. Me derrumbo. Fácilmente sucumbo a las voces y la ansiedad. Cuando esto pasa, recurro a la culpa, las acusaciones e incluso la ira. No me gusta esto de mí. No me gusta que me enojo con las personas que amo.

Por un momento, hago espacio para sentir lo que siento. Al detenerme, siento la inmensidad de lo que he estado cargando. Mi cuerpo soporta el peso de mis cargas emocionales. Las rocas parecen estar presionándome. Mi espalda y mis hombros se sienten tensos. Olvido respirar.

Una práctica para cuando siento presión

Inhala: *Mi Señor Dios...*
Exhala: *Ayúdame a encontrar alivio.*

Abro mi corazón a ti, Dios.

Siento presión.

Presto atención a dónde siento la presión en mi cuerpo.

Quiero ser sincero conmigo mismo.

¿Dónde aprendí que debía cargar con todo?

Dios, dame valentía y curiosidad para ver por qué hago las cosas que hago.

En algún momento, creí que tenía el poder de hacer cosas que tú no me habías pedido hacer.
Tal vez creí que podía hacerlo todo.
Tal vez creí que *debía* hacerlo todo.

Pero, al detenerme, escucho lo que impulsa mi presión.
Creo que es mi responsabilidad.
Debo ser suficiente.
Debo ser significativo.
Debo mantener a todos a salvo.
Debo ser feliz.
Debo tener la razón.
Debo ser fuerte.
Debo estar en paz.
Debo...

Dios, esta presión expone las creencias profundas de mi corazón.
A través de esta presión, tú quieres purificar mi corazón.
Esta presión no es para empujarme, sino para purificarme.
Hay un propósito en ella.

Tú estás purgando mi alma de las mentiras que me han llevado hasta aquí.
Tú quieres librarme de las expectativas bajo las que vivo.
Tú quieres liberarme de mi necesidad neurótica de ser Dios para los demás.

Dejo que este sentimiento sea una sirena que me indique que algo en mi alma necesita cuidado.
Escucho tu voz.
Dejo que levantes mis expectativas crecientes.

La verdad es que no puedo hacer nada sin ti.
No puedo salvar, proteger, ayudar, controlar, hacer la paz, ganar aprobación, arreglar las cosas, ser fuerte, manejarlo todo, ni ser suficiente sin ti.
Pero lo que sí puedo hacer es dejar que tú atiendas mis heridas más profundas.
Puedo dejar que estés cerca de mi corazón y de mi temor a no cargar con todo y todos.

Dios, en esta presión y el miedo a que todo se derrumbe, me acerco a ti.
Necesito tu ayuda.
No puedo hacer esto yo solo.

Ayúdame a desenredar mi historia.
Que sepa, en las cavernas más profundas de mi alma, que la única expectativa que tú tienes de mí es la expectativa de que reciba tu amor.

Tú me amas cuando no hago nada en absoluto.

En tus manos pongo mi vida.
En tus manos pongo la vida de aquellos que amo.
Confío en que te importa más mi vida que a mí.

Señor, escucha mi oración.

Palabra viva

Quiero oír lo que tú tienes que decir.

> *1 Pedro 5:6-7 (NVI)*
> Humíllense, pues, bajo la poderosa mano de Dios para que él los exalte a su debido tiempo. Depositen en él toda ansiedad, porque él cuida de ustedes.

tristeza

Triste: tristeza general.
Dolor: dolor profundo.
Vergüenza: la sensación de ser malo.
Deprimido: experimentar una tristeza profunda y constante.
Desanimado: sentir desánimo, desesperación y decepción.
Frágil: la sensación de que en cualquier momento puedes desmoronarte.
Anhelo: desear una vida, persona o cosas que aún no tienes o que ya no tienes.
Herido: estar herido.
Cansado: agotamiento.
Invisible: sentir que no eres visto.
Devastado: sentir que la vida tal como la conocías ha terminado.
Solitario: sentirse solo.
Rechazado: no ser querido o deseado.
Olvidado: sentirse abandonado.
Sufrimiento: sensación continua de duelo.
Sombrío: sentirse deprimido, pesimista o desanimado.

triste

tristeza general

El lenguaje de sentirse triste

Ella estaba tumbada de lado. Sus palabras eran monótonas y distantes, como si hablara hacia el vacío. "Tengo miedo de que, si me permito llorar, nunca pueda parar". Y, con esas palabras, sus lágrimas comenzaron a deslizarse, una por una, desde su mejilla hasta la sábana. Yo estaba tumbada junto a ella en silencio y respiraba lentamente. Era consciente de cada movimiento que hacía. No hubo palabras después de eso. Ella lloró. Yo lloré. Ambas lloramos hasta quedarnos dormidas.

Confieso que a veces me siento tentada a ignorar mi tristeza. Comparo mis experiencias con las de otros para determinar si mis sentimientos merecen ser sentidos. Sé que otros han sufrido más que yo. No quiero ser demasiado emocional, así que minimizo mi dolor. Es fácil para mí justificar lo que siento. Para ser sincera, creo que simplemente tengo miedo de ver cuán profunda es mi tristeza. Me molesta cuando no puedo controlar mis lágrimas. No quiero que nadie me vea así. Quiero acelerar el proceso de sanidad. A veces, incluso me siento atraída hacia la autocompasión.

La verdad es que me siento triste. Es un sentimiento opaco, profundo, y terriblemente inconveniente. Por un momento, en lugar de analizar *por qué* me siento así o si *debería* sentirme así, simplemente lo siento. Siento que mi corazón duele. Siento el peso sobre mí. Me duele. Lloro. Transpiro. Siento enojo, culpa, e impotencia también. Siento miedo de que, si me permito estar triste, el sentimiento nunca termine. Parece interminable.

Sin embargo, al entregarme a mi tristeza descubro una ligera consolación en que estoy atendiendo a la verdad de mi alma. Aquí es donde estoy.

Una práctica para cuando me siento triste

Inhala: *Mi Señor Dios, ayúdame a recibir...*
Exhala: *Ayúdame a soltar.*

Dios, abro mi corazón a ti.

Me siento triste. Lo siento en mi cuerpo.

Siento tristeza ahora, pero también en mi historia.

Examina mi corazón, oh Dios.

Dios, consuélame.

Clamo a ti pidiendo ayuda.

Mi corazón duele de tristeza.

La decepción llena mis pulmones. Me duele con un latido que me pesa. La tristeza envuelve mi alma como una enfermedad sin cura.

Sufro.

En mis lágrimas, en el silencio, en el canto, en las palabras, en la lentitud o en las respiraciones cortas, tengo que creer que tú estás aquí.

En mi dolor, resisto mi instinto de justificar mi tristeza.
Resisto mi necesidad de enmendarme a mí mismo.
Resisto la urgencia de acelerar el proceso.

Incluso si la causa de mi tristeza parece insignificante, tú invitas a mi tristeza a salir. Incluso si mi tristeza es desordenada, caótica e incoherente, tú me invitas a abrir mi corazón a ti.

Ayúdame, Dios, a ser curioso sobre mi tristeza.

Ayúdame, Dios, a ser amable hacia mi corazón tierno.

¿Cuál es la raíz de mi tristeza?

Dejo que todo lo que siento sea sentido. Les doy palabras a mis lágrimas.
Hablaré.
Escucharé.
Confiaré.

Tú eres el mismo Dios de ayer.
Me llevaste por valles imposibles.
Nunca me abandonaste en mi desesperación.

Eres el mismo Dios que hoy sostiene el océano.
Como la marea, das y quitas.
Soltar y recibir es difícil para mí.

Eres el mismo Dios del mañana.
Irás conmigo cuando la tristeza inesperada me abrume.
Harás espacio para que mi alma descanse, llore y repose.

Tú eres el mismo Dios que dice: *Bienaventurados los que lloran* (Mateo 5:4).

Tus manos traspasadas por los clavos me llaman a acercarme.

Mi corazón roto encuentra alivio en tus manos rotas.

Tú también conoces la tristeza.

Tu Espíritu ayuda a mi alma a orar con sinceridad: *Que así sea.*

Palabra viva

Te escucharé.

> **Salmos 42:5**
> ¿Por qué te desesperas, alma mía,
> Y por qué te turbas dentro de mí?
> Espera en Dios, pues he de alabarlo otra vez
> Por la salvación de Su presencia.

dolor

dolor profundo

El lenguaje de sentir dolor

La luz es cegadora. Los ruidos de pies que se arrastran, conversaciones matutinas amortiguadas, y el zumbido del café preparándose ya están en marcha. La vida comienza a despertar. De inmediato siento una punzada. Dolor. De pronto recuerdo aquello que el sueño no pudo borrar. Los recuerdos oscuros ensombrecen el atisbo de esperanza matutina que tuve hace apenas unos momentos. La realidad se estrella contra mí otra vez. Este dolor punzante me está discapacitando por dentro. Me cuesta respirar. La vida ya no es como antes. La vida nunca volverá a ser igual. Este dolor me devora como un monstruo. Me volteo en la cama. La sábana es como un capullo que envuelve mi cuerpo. Me refugio en mi cueva. Cierro mis ojos. No escucho nada, excepto mi aflicción. Suplico que el sueño me inunde otra vez. No puedo ver nada más que mi dolor. Esta vez no estoy cegada por la luz, sino por la oscuridad. Siento dolor.

Confieso que no quiero abrir mi corazón. Hacer eso duele. Quiero consolarme buscando a la única persona que pueda quitarme la soledad. La vida parece no tener sentido. Me siento tentada a evitar mi dolor y mantenerlo en silencio. Desplazo mi dolor de un lugar a otro, pero trato de no enfrentarlo. Intento resolver mi dolor con ocupaciones, distracciones y ruido. También me siento tentada a identificarme demasiado con mi dolor. Mi dolor se convierte en mi identidad. Soy tentada a creer que lo único que soy es una víctima de mi dolor. Comienzo a pensar que este dolor nunca desaparecerá. Me acerco a la desesperación.

La verdad es que siento dolor. Lo siento en mi cuerpo. Me duele en todas partes. No sé a dónde ir desde aquí. No sé qué hacer. No quiero sentirme así nunca más. Haré cualquier cosa para que este dolor se detenga. Abro mi corazón a Dios, aunque cuestiono su bondad.

Una práctica para cuando siento dolor

Inhala: *¿Hasta cuándo, Señor...*
Exhala: *... tendré que sentirme así?*

Siento dolor. Por un momento, me permito sentir lo que siento.

Lo siento en mi cuerpo.

Revélame la historia de mi dolor, oh Dios.

Dios, mi alma está cerca de la angustia.

Tú estás cerca.

Este es el lugar donde no quería estar.

Sin embargo, este es el lugar donde me encuentro después de tanto correr, evitar y negar.

Has estado esperándome aquí.

El camino detrás de mí ha sido difícil.
Veo un sendero de pérdida, traición y quebranto.
Veo un camino de soledad, oscuridad y desesperación.
Veo un camino que parece no tener fin.

Conozco este camino.

El camino que tengo por delante también es difícil.

Dios, no quiero este camino, pero no hay otro.
Por lo tanto, doy un paso adelante.
Lo recorreré porque tú lo recorriste antes que yo.
Tú caminaste por el sendero del dolor, el miedo y la tristeza.
Tú conoces el dolor.

Dios, la única salida del dolor es el camino de la cruz.
Puedo tropezar, avanzar, arrastrarme, rebelarme, pero fijaré mi mirada en la cruz.
No apartaré mis ojos de la única esperanza que me queda.

Dios, no me gusta, pero acepto el dolor como mi compañero.
Camino a través de este dolor.
Cuando la oscuridad me envuelve y siento que estoy solo, levanto mis ojos hacia la cruz.

Dios, te veo.
Veo tu muerte y resurrección.
Veo que perdonas a quienes te lastimaron.
Veo que consuelas a los quebrantados.
Veo que cuidas de los que amas.
Veo que bendices a quienes te maldijeron.
Veo que lavas los pies de tus amigos y tus traidores.

Tú, Dios, me ves y me invitas a *venir*.

Lo que has hecho me da la valentía para seguir adelante.

Dios, confío en que proveerás un camino a través de mi dolor para que pueda soportarlo.
Tú abriste un camino a los israelitas en el desierto con una columna de fuego. Confío en que me ayudarás a ver a través de la oscuridad también.

Tú le diste a Noemí una nuera fiel: Rut. Confío en que me traerás ayuda a través de un amigo también.

Tú trajiste a Simón de Cirene para ayudar cuando la cruz era demasiado pesada. Confío en que me ayudarás cuando no pueda soportar por más tiempo.

Mi dolor tiene un propósito. El dolor no es el final de mi historia. Ayúdame a ser curioso sobre el origen de mi dolor. Ayúdame a ser amable conmigo mismo en el camino. Ayúdame a ser sincero.

¿Qué necesitaba cuando comenzó mi dolor?

¿Qué necesito ahora?

Dejo que mi alma se desnude ante ti.
En los lugares silenciosos de mi dolor, tú me cuidas.

En mi lucha, permaneces cerca.
Es una intimidad por la que, curiosamente, estoy agradecido.
Tal vez, nunca podría conocerte realmente a ti o a los demás si nunca hubiera conocido mi dolor.

Mientras recorro el camino de la cruz, estoy muriendo, pero también estoy volviendo a vivir.
Mientras salgo de la oscuridad, estoy despertando a algo nuevo.
Aquí, lentamente me convierto en alguien que siempre debí ser.
Una persona profundamente arraigada en el amor.
Una persona que está encontrando la libertad.

Aunque lo que siento es doloroso, también te doy gracias porque, de una manera misteriosa, me permite encontrar comunión contigo.

Palabra viva

Señor, ayúdame a escucharte.

> **Romanos 5:3-5**
> Y no solo esto, sino que también nos gloriamos en las tribulaciones, sabiendo que la tribulación produce paciencia; y la paciencia, carácter probado; y el carácter probado, esperanza. Y la esperanza no desilusiona, porque el amor de Dios ha sido derramado en nuestros corazones por medio del Espíritu Santo que nos fue dado.

vergüenza

la sensación de ser malo

El lenguaje de sentir vergüenza

Me equivoqué otra vez. Dije palabras que no puedo retirar, y lo peor de mí quedó expuesto. Algo debe de estar mal conmigo. Mi mente corre tratando de justificar mi conducta. Me provocaron. Fue culpa de ellos. Les advertí; pero al final fui yo quien perdió el control. No quiero ser así. No quiero ser este tipo de persona. Me siento muy triste. Busco algo que me haga sentir mejor. Necesito algo que sustituya mis defectos revelados. Necesito algo que me ayude a escapar de... mí. A veces es sutil. A veces grita. Pero mi canto de vergüenza me persigue como una melodía molesta que no puedo dejar de cantar. Como una sustancia pegajosa, la vergüenza deja un residuo en todo lo que toca en mí. Ninguna distancia puede alejarme lo suficiente de mi vergüenza. Ninguna cantidad de cosas buenas que haga puede quitarme este sentimiento de ser mala.

Me siento incómoda. Siento la tentación de manejar mis sentimientos en aislamiento. Nadie sabe que me siento así. Soy buena ocultando mi maldad con cosas buenas. Hago cosas para demostrar a los demás y a mí misma que no soy tan mala como me siento. Rápidamente paso a la autocomplacencia, el desprecio hacia mí misma, y el autodesprecio. Me cierro. Pienso cosas como: *Soy mala, soy lo peor, cómo pude, si alguien lo supiera, no puedo hacer nada bien.* Internalizo mi vergüenza como un arma contra mí misma.

La verdad es que siento vergüenza ahora. La siento palpitar en mi cuerpo.

Mi cuerpo cuenta la historia de mi vergüenza. Aunque trato de escapar de mis sentimientos o esconderlos, la vergüenza sigue siendo fuerte dentro de mí. Lo sé.

También sé que Dios me llama a salir de la vergüenza y entrar en libertad. Lo sé, aunque me cuesta creerlo. ¿Qué hago ahora? Me siento atrapada.

Una práctica para cuando siento vergüenza

Inhala: *Padre Dios, ayúdame...*
Exhala: *A recibir gracia.*

Siento vergüenza.

La siento en mi cuerpo.

Alma, ¿cuándo aprendiste que no podías ser amada en tu vergüenza?

Esta vergüenza me ha perseguido por mucho tiempo.
La confusión me ha sacudido.
El dolor me ha afligido.

He luchado con gran fervor en el campo de batalla de mi vergüenza, pero he perdido una y otra vez.

En este lugar, me he sentido avergonzado por no ser mejor.
He experimentado humillación e incomodidad.
Tengo un profundo anhelo de no vivir para siempre en las sombras de mis errores, fracasos y defectos.
Sin embargo, tengo miedo de que no haya fin.
En los rincones frágiles de mi alma acecha la tristeza.
Aquí, me siento solo.

Dios, aquí clamo a ti.
En medio de mi vergüenza, clamo a ti.
En medio de estos sentimientos incómodos, clamo a ti.
En medio de mis intentos de ocultar mi pecado, clamo a ti, Dios.

Justo aquí, mientras mi corazón tiembla, me invitas a recibir gracia.
Gracia para dejar de ocultarme.
Gracia para dejar de esforzarme más.
Gracia para dejar de intentar limpiar mi maldad.

Dios, dame claridad para ver mi corazón.
¿Es la vergüenza que siento un indicador de mi pecado?
Por los lugares en los que he pecado contra ti o contra otro, perdóname.

Dios, ¿esta vergüenza que siento es una falsa vergüenza (la necesidad neurótica que tengo de enmendarme a mí mismo)?

Abro mi corazón a ti, Dios.

La vergüenza es una invitación a cambiar mi mirada hacia la gracia.

Para ser sincero, a veces me resulta difícil recibir gracia porque significa que debo enfrentar mi incapacidad de enmendarme a mí mismo.
Esto es difícil y fácil.
Es difícil porque soy propenso a querer probarme ante los demás e incluso ante mí mismo.

Es fácil porque mi corazón anhela ser amado incondicionalmente.

Señor, ayúdame a recibir gracia incluso cuando mi voluntad quiere ganársela.
Ayúdame a aceptar mis errores; al mismo tiempo, ayúdame a aceptar tu invitación a la gracia.

Tu gracia viene tras de mí como el padre que corre tras su hijo pródigo. Tu gracia viene tras de mí como lo hizo con la mujer adúltera en el pozo.
Tu gracia viene tras de mí de la misma manera que buscaste a Pedro después de que te negó tres veces.

Miraste a los ojos de Pedro y le preguntaste: "¿Me amas?".

Tu gracia se mueve hacia mí ahora y me pregunta: "¿Crees que te amo?".

Dios, quiero decir sí, aunque la resistencia todavía me retiene. Me lo preguntas una y otra vez hasta que puedo decir que sí con todo mi corazón.
Sí, creo que realmente me amas.

Tu amor cubre toda mi vergüenza.
Aquí, soy libre.
Mi alma está limpia.

Te daré gracias todos los días de mi vida.

Palabra viva

Dios, quiero oír de ti.

> *2 Corintios 5:21 (NVI)*
> Al que no cometió pecado alguno, por nosotros Dios lo trató como pecador, para que en él recibiéramos la justicia de Dios.

deprimido

experimentar una tristeza profunda y constante

El lenguaje de sentirse deprimido

Fue una etapa muy oscura de mi vida. Las cortinas de mi alma estaban completamente cerradas. No recuerdo mucho de ese periodo, pero sí recuerdo el momento en el que me senté inmóvil en mi auto. Mi voz sonaba amortiguada, como si estuviera bajo el agua. Mi cuerpo estaba encorvado, con el cinturón de seguridad rozando justo debajo de mi barbilla. *¿Cómo llegué hasta aquí?* Recorrí kilómetros y kilómetros sin darme cuenta. *¿A dónde iba?* No pensé en llamar a nadie. No intenté moverme. No quería hacer nada. Me sentía agotada tan solo al pensar en intentar resolver algo. Así que me quedé allí sentada. Y la oscuridad de mi corazón coincidía con la oscuridad del cielo. Perdida, confundida, sin esperanza, cansada, triste, sin dirección y desolada. *¿Hasta cuándo, Señor, me sentiré así?*

Una parte de mí no quería lidiar con mi depresión. La detestaba profundamente. Otra parte de mí quería enfrentarla por mi cuenta. No quería tener a otros cerca. No quería a Dios. Me sentía atrapada. No quería estar deprimida. Quería ser fuerte, capaz, resiliente y racional. La vergüenza que sentía era intensa y me envolvía. Me obligué a mí misma a seguir adelante. Aunque mi cuerpo se movía, mi corazón se había quedado atrás. Cuanto más intentaba escapar de mi profunda tristeza, más difícil se volvía. Intentaba y fracasaba. Intentaba y fracasaba. Intentaba y fracasaba.

La oscuridad me arrastraba; mi voluntad deseaba dormir para siempre. Me sentía impotente. El peso era demasiado para soportar. Me aislaba más y más. Los pensamientos de quitarme la vida iban y venían. Imaginaba que las personas y este mundo estarían mejor sin mí. Me aborrecía a mí misma. La oscuridad era mi única compañera.

Una práctica para cuando me siento deprimido

Inhala: *Padre Dios...*
Exhala: *Ayúdame.*

Dios, abro mi corazón a ti.

Me siento deprimido. Lo siento en todo mi cuerpo.

Todo está oscuro.
No puedo escapar.
Odio este dolor, pero no puedo huir de él.
Es tan profundo, tan largo, tan amplio.
Me consume.

Por mucho tiempo he vivido bajo el peso embriagador de la ansiedad.
Me ahoga.
Las luces se han apagado.
Es difícil ver la esperanza.
La oscuridad me arrastra. Es lo único que veo.
La depresión lleva mi alma junto a los muertos.
Me sofoca.

Me siento solo. No hay salida, solo un descenso.
Estoy cansado. He perdido toda sensación de alegría, paz y esperanza.
En muchos sentidos, he perdido contacto con el amor.

He deseado morir.

Dios, tú enciendes una luz dentro de mí que yo no puedo encender por mí mismo.

Sé que el mal puede aparecer en mi oscuridad como mentiras: *esto nunca terminará, a Dios no le importo, nadie me ama, el mundo estaría mejor sin mí.*

El mal se aprovecha de mi sufrimiento y mi vergüenza.
Uso la energía que me queda para expulsar el mal que manipula mi dolor.

Oro con el salmista: *Apártense de mí, todos ustedes que hacen iniquidad* (Salmos 6:8).

Puede que me sienta impotente, pero tengo el poder de trazar una línea en la arena.
Ningún mal entrará en este espacio.
Tristeza, sí.
Duelo, sí.
Enojo, sí.
Pero maldad, no.

Dios, ayúdame a creer que estás cerca de mi dolor.
Tú comprendes la agonía de ser humano.
Ningún otro humano podría entenderlo más que tú.
Fuiste incomprendido, devastado, deshumanizado y traicionado.
Fuiste abandonado por tus hermanos y por tu Padre.
Clamaste desde la cruz:
"Eli, Eli, ¿lema sabactani?", que significa: *"Dios mío, Dios mío, ¿por qué me has abandonado?"* (Mateo 27:46).
Tomo prestadas tus palabras: *¿Dónde estás en esta oscuridad, Dios?*
Clamo contigo.
Clamo una y otra vez.

Dios, te ruego que restaures mi esperanza.
Cada aliento es un acto de mi voluntad de alcanzar la esperanza.
Mi aliento resuena en la tumba donde tú fuiste sepultado: húmeda, silenciosa, fría.
Esperaré aquí hasta que tu luz matutina resucite lo que está muerto en mí desde la oscuridad.

Jesús, mírame aquí y habla palabras de esperanza a mi alma.
Tu nombre, Jesús, está en mis labios.

Palabra viva

Dios, quiero escucharte.

Salmos 6:6-9
Cansado estoy de mis gemidos;
Todas las noches inundo de llanto mi lecho,

Con mis lágrimas riego mi cama.
Se consumen de sufrir mis ojos;
Han envejecido a causa de todos mis adversarios.
Apártense de mí, todos ustedes que hacen iniquidad,
Porque el Señor ha oído la voz de mi llanto.
El Señor ha escuchado mi súplica;
El Señor recibe mi oración.

desanimado

sentir desánimo, desesperación y decepción

El lenguaje de sentirse desanimado

No obtuve la respuesta que esperaba. Estaba muy emocionada por compartir mis noticias, pero mi alegría fue recibida con escepticismo y preguntas. Me molestó. Me sentí irritada. Había un ruido persistente dentro de mí que no podía manejar ni entender. Una molestia silenciosa. Continué con mi día, pero sentí una incomodidad a la que no podía poner nombre. En medio de todo el movimiento, el cielo atrapó mi alma como un anzuelo. Me detuve. Miré hacia arriba. Al hacerlo, el aire llenó mis pulmones. La tristeza me invadió como un arbusto rodante, tambaleante y sin rumbo. Ah, conocía este sentimiento. Me sentía desanimada.

Sentí la tentación de deshacerme de eso rápidamente. Lo descarté, lo justifiqué e intenté olvidarlo manteniéndome ocupada y usando un falso optimismo. También sentí la tentación de darle toda mi energía y atención a mis emociones. Me volví irritable y me encerré en la autocompasión. Mi vergüenza y mi autocrítica se sentían pesadas. *Nunca debiste haberlo intentado, eres un fracaso, a nadie le importas,* eran pensamientos que se instalaban en mi mente.

Por este momento, me permito a mí misma sentirme cansada y triste. Observo que mi cuerpo y mi espíritu se sienten pesados. Mis intentos de librarme del desánimo solamente me enredan todavía

TRISTEZA 219

más. No puedo enmendar o resolver mis sentimientos por mí misma. Necesito la compañía de Dios.

Una práctica para cuando me siento desanimado

Inhala: *Jesús, ayúdame...*
Exhala: *A confiar en ti.*

Dios, abro mi corazón a ti.

Me siento desanimado. Lo siento en mi cuerpo.

Sé que este sentimiento tiene un significado para mí, así que me detengo a orar.
Lo que siento importa.
Las cosas no salieron del modo que yo esperaba.

No estoy donde pensé que estaría.
No estoy donde quiero estar.
No estoy donde debería estar.

Dios, mi esfuerzo, mi trabajo y mi tiempo no han dado frutos.
Me siento decepcionado.
Me falta la valentía para seguir adelante.
Pero aquí estoy.
No volveré a consolarme por mi cuenta ni a depender de mis propias fuerzas.
En su lugar, regresaré a ti.

Dios, este lugar sensible dentro de mí es donde tú estás más presente.
Creo que mi desánimo es un camino hacia mi transformación.
Es una manera en la que puedo descubrir más profundamente cuánto soy amado.

Este camino está lleno de muchos sentimientos, recuerdos; quizá incluso arrepentimiento.
Por lo tanto, siento.
Dejo que la tristeza llene mis sentidos.
Tu Espíritu me lleva a la cruz.

Tú conoces la desesperación, el desaliento y también la decepción.
Tú conoces el dolor de que las cosas no salgan como deberían.
Tú conoces el anhelo por el bien mientras lo malo corrompe tu perfecta creación.

En ti encuentro mi consuelo.
En ti encuentro comprensión.
En ti encuentro acogida.

Cristo, que pueda aprender de ti.

En tu desánimo, descansaste.
En tu desánimo, oraste.
En tu desánimo, alimentaste tu alma con la Escritura.

Te basta mi gracia.

Alzo mis ojos a los montes.

Tú eres la resurrección y la vida.

Tú completarás lo que comenzaste.

Dios, tú me guías, a través de mi desánimo, al lugar donde debo ser formado.
Quiero eso.
No solo quiero *sentirme* mejor.
Quiero convertirme en alguien que *es* mejor.

Dios, usa mis circunstancias actuales para desarrollar en mí una fe más grande, una confianza más profunda, una esperanza más abundante, y libertad de esta tristeza.

A pesar de todo lo que siento, aún confiaré en ti.
Confío en ti en todas las cosas que no entiendo.
Confío en ti para guardar mi tristeza con seguridad.
Confío en ti para hacer la obra que necesita hacerse en mi vida y en mi alma.
Confío en que todas las cosas me llevarán a mi máximo bien y a tu máxima gloria.

En tus manos pongo mi vida.

Gracias, Señor Jesús.

Porque, aunque este sentimiento me duele, también es a través de este sentimiento como encuentro tu amor.

Palabra viva

Dirijo mi corazón para escuchar de ti.

> **2 Corintios 4:16**
> *Por tanto no desfallecemos, antes bien, aunque nuestro hombre exterior va decayendo, sin embargo nuestro hombre interior se renueva de día en día.*

frágil

la sensación de que en cualquier momento puedes desmoronarte

El lenguaje de sentirse frágil

Me siento nerviosa. Han pasado días desde el servicio conmemorativo. Los últimos visitantes de fuera de la ciudad se han ido. Estoy sola. Como ese congelador abarrotado de comida congelada, siento mi pecho atiborrado. Siento el frío de mi propia soledad asentándose. Todo parece desencadenar mis lágrimas. Todo dentro de mí se siente inestable. Soy demasiado consciente de mi entorno. Necesito salir de aquí. Me escapo. Vengo aquí. Vengo a mis palabras que me anclan. Exploro mis sentimientos y mi necesidad desesperada de esconderme. Me siento fuera de control, tensa, y un poco enferma. Me siento frágil.

Enfrento la tentación de luchar contra lo que siento. Reúno mis fuerzas e intento recuperar mi estabilidad. Intento alejar, superar o ignorar mis sentimientos. No me gusta sentir mi debilidad. Incluso siento la tentación de mostrarme como competente, capaz y fuerte para ocultar mi fragilidad.

Sentir mi vulnerabilidad me hace sentir avergonzada. Puedo ser muy autocrítica. Creo que porque me siento frágil, *soy* frágil. Mi fragilidad se convierte en mi identidad.

Aunque es incómodo, dejo que estos sentimientos permanezcan. No me gusta sentirme así. Temo que si reconozco estos sentimientos, quedaré atrapada en ellos. Temo a dónde podrían llevarme. Quiero ser diferente. Quiero estar mejor. Quiero otra manera. Quiero ser sincera, genuina, y estar atenta a Dios, incluso cuando me siento tan frágil.

Una práctica para cuando me siento frágil

Inhala: *Padre, Hijo y Espíritu Santo, ayúdame...*
Exhala: *A ser hecho completo.*

Abro mi corazón a ti, Dios.

Me siento frágil. Lo siento en mi cuerpo.

En algún momento aprendí que sentir fragilidad era algo que debía ocultar.
Tengo miedo de que me vean así.
Estoy desesperado por no sentirme así nunca más.

Dios, siento que en cualquier momento podría desmoronarme.
Estoy tratando de mantener mi vida en su lugar.
Intento controlar cosas incontrolables, como personas, circunstancias y resultados.

Pero tú, Dios, me invitas a estar contigo.
Me invitas a confiar en tu bondad más que en mi fuerza.
Me invitas, en mi fragilidad, a ser formado espiritualmente.

Mantengo mi corazón abierto a tu amor aquí.
Estoy en un lugar tierno.
Aquí, soy moldeable.
Dios, haz tu obra en mi alma.
La fragilidad no es mi enemiga, sino que me ofrece el regalo del crecimiento.

Dios, a través de mi fragilidad, tu luz brilla sobre mis ídolos, pecados y defectos.
Esto me hace sentir aún más débil.
Pero, en lugar de voltearme hacia adentro, despliego mi alma ante ti.

Dirijo los ojos de mi corazón hacia la cruz.
Con mi dedo, trazo y vuelvo a trazar la cruz en mi palma.
En la cruz, mi fragilidad entra en contacto con tu gran fuerza.

Dios, de maneras que no puedo ver, me estás ayudando a ser completo.
Me estás reconstruyendo.
Me estás sanando en la cruz.
Me estás formando en alguien nuevo desde algo viejo.

Confío en que tú, Dios, estás forjando algo bueno en mí.
Confío en que tomarás todos los bordes afilados de mi alma y formarás en mí suavidad.
Confío en que los lugares astillados en mí serán cosidos en una vestimenta para tu gloria.

Aunque la fragilidad se sienta dolorosa, también se convierte en un conducto a través del cual tu gracia y tu amor pueden alcanzarme.
Por esto, mi corazón te alabará por siempre.

Palabra viva

Dios, tu hijo te escucha.

> *Isaías 42:3*
> No quebrará la caña cascada,
> Ni apagará la mecha que casi no arde;
> Con fidelidad traerá justicia.

anhelo

desear una vida, persona o cosas que aún no tienes o que ya no tienes

---

El lenguaje de sentir anhelo

"¿Qué quieres?". Ella me miró directamente. No estaba preguntándome qué quería para el almuerzo. Me preguntaba por mis sueños. Dejé que esa pregunta se asentara. Se hundió como plomo en el agua, hasta el fondo de mi alma. Inamovible. *¿Qué quiero?* La pregunta me molesta un poco. Me da miedo responder. Me da miedo sentir el abismo de anhelos dentro de mí. Si me acercara al borde de mis deseos, podría no ser capaz de volver a la superficie. Así que me retraigo. Envuelvo mis brazos firmemente alrededor de mis sueños como si fueran un chaleco salvavidas. No me atrevo a hablar, porque el susurro de lo que anhelo podría traicionarme. Me sacudo para despertar al presente. "¿Qué quiero?". Hago una pausa. "Quiero una siesta". Me río. Mi risa desvía la pregunta y mi sueño muere una vez más.

Siento anhelos. Soy tentada a apagar cualquier eco de deseo. Organizo mi vida de tal manera que persigo lo que quiero mientras trato, al mismo tiempo, de no resultar herida. También me siento tentada a que mi vida gire en torno a cumplir los anhelos de los demás. Cuando emergen mis propios anhelos, pueden consumirme. Se apoderan de mi imaginación. No puedo estar presente en la realidad. Se vuelven tan poderosos, que no puedo pensar en otra cosa.

La verdad es que tengo anhelos profundos. Se levantan dentro de mí. Puedo sentirlos en mi cuerpo ahora, y me entristecen.

A veces olvido mis deseos. Otras veces, me atormentan. En este momento, simplemente me permito sentir lo que siento. Mi corazón se siente enfermo. Mis deseos han permanecido latentes por mucho tiempo. ¿A dónde voy desde aquí?

Una práctica para cuando siento anhelo

Inhala: *Jesús, ayúdame...*
Exhala: *A confiar en ti.*

Siento anhelos.

Siento deseos dentro de mí, y mi cuerpo reacciona.

Presto atención a cómo recibo o rechazo mis anhelos.

Dios, aquí estoy, y siento este dolor.

Por un momento, me permito sentir lo que siento.

Cuando tengo el valor de mirar de cerca mis anhelos, descubro dónde está realmente mi corazón.
Como un espejo, los anhelos nunca mienten.
Los filtros mienten. Las fotos mienten. Las sonrisas mienten. La gente miente. Yo miento.
Pero los anhelos siempre dicen la verdad.
Mis anhelos no me dicen qué hacer, pero me dicen lo que quiero.

Dios, mi tristeza está cerca de mí.
La tristeza puede ser un sentimiento difícil para mí porque temo que no tenga fin.
Y, sin embargo, aquí también me espera consuelo.
Consuelo que viene de ti y de permitirme sentir lo que
realmente siento.

Dios, a veces cuestiono si mis deseos importan siquiera.
Algunos de ellos casi los he olvidado.
Algunos de mis anhelos alguna vez fueron fuertes, pero a medida que la esperanza se desvaneció y el dolor persistió, parecía que la mejor opción era dejarlos ir.
Quizá me convencí de que, cuanto más callados fueran mis anhelos, menos podrían herirme.

Dios, a veces mis anhelos me desbordan.
Los siento, los veo, casi puedo tocarlos.
Veo a otros con aquello que más anhelo en la vida.
En mis anhelos, siento mi dolor.
Siento la distancia entre donde estoy y donde quiero estar.
Siento la brecha entre mi realidad y lo que parece un
sueño inalcanzable.

Padre celestial, me invitas a orar con honestidad.
Haces espacio para que mis anhelos vivan.
Haces un lugar seguro para que pueda sentir.
Haces un camino para que mis sueños no mueran en la oscuridad.

Dios, toco mis anhelos con fe vulnerable.
Como la mujer enferma en Lucas 8:43-48, me acerco a ti.
Me acerco con solo un poco de esperanza de que tú puedes hacer que todo esté bien.
Solo tú puedes encontrarme en lo más profundo de mis anhelos, sueños secretos y deseos susurrados.
Estás conmigo en mi dolor.

Mis anhelos se convierten en la canción de mi alma.
El dolor es la melodía; la esperanza es la armonía.
No compiten, sino que se complementan.
Son el susurro de mi corazón; me recuerdan que mi vida está entretejida con complejidades que no me fracturan, sino que me forman.

No corro hacia adelante.
No retrocedo.
No me dejo consumir por la tristeza.
Exhalo hacia adelante.

Dios, me inclino hacia mis anhelos contigo.
Confío en que lo que sea que deba llegar, llegará.
Con esto, una paz se asienta en mi alma.

Porque incluso en mis anhelos, tú me acoges y me recibes con amor.
Aquí, contigo, mis anhelos encuentran un respiro.

Palabra viva

Dios, afino mi corazón para oír de ti.

> *Proverbios 13:12 (NVI)*
> La esperanza que se demora aflige al corazón;
> el deseo cumplido es un árbol de vida.

herido

estar herido

El lenguaje de sentirse herido

Era imposible no notar que yo era la única que no estaba incluida. Él estaba allí. Ella estaba allí. Todos estaban invitados excepto yo. Ya sea que eso sea verdad o no, se siente como si lo fuera. El dolor dentro de mí ha sido punzado. Sigo desplazándome en la pantalla, pero mi alma queda atónita por lo que vi. Risas, conexión y relaciones se están formando sin mí. Algo dentro de mí duele. Me siento herida. La vida está cambiando. Las cosas están cambiando. No puedo encontrar mi balance.

Desde mi tristeza, quiero aplastar mis sentimientos. Aparto mis emociones y las desestimo. Proyecto mi dolor en los demás. Me enojo. Una parte oscura de mi alma quiere que otros sufran. Me encierro en mi dolor. Solo quiero rendirme, acurrucarme, no preocuparme, lamentarme, culparme.

Por este momento, dejo que mi dolor ocupe todo el espacio. Dejo que mi herida permanezca. Noto cómo afecta mi cuerpo. Noto cómo se cuece en mis pensamientos. Noto cómo se remueve en mi pecho.

Mis sentimientos heridos fácilmente pueden apartarme de lo que más necesita mi alma: el cuidado y el amor de Dios.

Una práctica para cuando me siento herido

Inhala: *Jesús, ayúdame...*
Exhala: *Con este dolor.*

Me siento herido.

Dios, abro mi corazón a ti.

Puedo pasar mucho tiempo preguntándome si *debería*
sentirme herido.
Creo que esa es una de las maneras en que evito realmente sentir el dolor que tengo.

Dejo de lado las voces autoritarias dentro de mí que dictan si debería o no sentir lo que siento.
En cambio, me permito estar donde estoy.

Rehúso tratar mi corazón como si fuera un problema por resolver.
Resisto la tentación de buscar una respuesta lógica.
No volveré a reproducir la situación una y otra vez.

En lugar de eso, Señor, abro mis sentimientos de dolor a ti.
Tú me invitas a sentir la profundidad, la amplitud y la anchura de lo que mi alma está experimentando.

Dios, estoy herido.

Quizá la vida está cambiando, y esto es difícil.

Quizá fui olvidado, rechazado o descuidado.

Quizá sigo de duelo.

Revélame, Dios, dónde reside realmente mi dolor.

Hago espacio para la reflexión honesta.

Ayúdame a ser compasivo con mi tristeza.
En las aguas profundas de mi corazón, Dios, tú estás conmigo.
Tú conoces las razones específicas de mi dolor.
Tú habitas en mi corazón.
Tú habitas donde está mi dolor.
Tú conoces mi soledad.
Tú conoces mi pérdida.

Señor, ¿cómo me atiendes en mi dolor?

Dios, examina mi corazón.

Concédeme la gracia para atender mi alma con compasión.

Concédeme la valentía para darle palabras a mi tristeza.

Concédeme la sabiduría para saber que el duelo es el camino hacia la sanidad.

Dios, tú atiendes mi dolor con alimento, seguridad y bondad.

Así como cuidaste a los heridos, me cuidas a mí.
Haces espacio.
Sacas una silla en la mesa.
Me invitas a llorar.
No tienes prisa.
Escuchas todas mis historias de dolor.

Confío mis heridas en tus heridas.
Dios, ¿sanarás mi dolor en tu tiempo perfecto?
Ayúdame a ser paciente con el lento trabajo que estás haciendo en mí.

Incluso aquí, a través de este sentimiento de dolor, me maravillo de cómo mi sufrimiento se convierte en un camino hacia la oración. Gracias por no dejarme solo para navegar mis sentimientos de dolor por mí mismo. Más bien, revelas mi herida como una manera de darme paz profunda y sanadora.

Por esto, te doy gracias.

Palabra viva

Dirijo mi corazón para oír de ti.

> *Salmos 139:1-3*
> Oh Señor, Tú me has escudriñado y conocido.
> Tú conoces mi sentarme y mi levantarme;
> Desde lejos comprendes mis pensamientos.
> Tú escudriñas mi senda y mi descanso,
> Y conoces bien todos mis caminos.

cansado
agotamiento

El lenguaje de sentirse cansado

Me lavo las manos. Con reticencia, echo un vistazo a mi reflejo. Al instante, me arrepiento. *Esta soy yo.* Llevo un dedo a mi cara. Paso un mechón de cabello detrás de mi oreja como si este gesto pudiera curar toda una vida de días malos con el cabello. Oscuras ojeras se hunden tristemente, como arco iris al revés, debajo de mis ojos. Cuanto más miro, más fatiga surge dentro de mí. Intento tomar aire, pero al hacerlo, siento el peso de mi agotamiento. Es pesado como una roca que me aplasta. Me encuentro encorvada sobre el lavabo. Esos mechones rebeldes de cabello caen nuevamente sobre mi rostro. Si pudiera, me desplomaría sobre el piso del baño y lloraría. A lo lejos, oigo una llamada débil. Se me necesita. Tengo que seguir adelante.

Con fortaleza, sujeto mis rebeldes flequillos y los coloco en mi moño como si fuera a ponerme el cinturón de seguridad. Tengo que ir.

Me siento cansada. Me siento triste. Me siento sola. A veces incluso ignoro cuán cansada estoy realmente. Trato mi cuerpo como si fuera una máquina. Nadie me da crédito extra por esto. Simplemente lo hago. Sigo adelante, empujando. A veces trato de conseguir compasión por mi cansancio. Quiero afirmación continua por todo lo que hago. En ocasiones, me ahogo en mis sentimientos hasta el punto de dejar de hacer lo que debo hacer. Mi vergüenza es fuerte aquí: *¿Qué está mal conmigo? ¿Por qué no puedo seguir el ritmo? ¿Soy un fracaso por sentirme así?*

Estoy cansada física, mental y espiritualmente. Estoy agotada. Por un momento, dejo que el cansancio se apodere de mí. Dejo que llene mi cuerpo. Presto atención a cómo se manifiesta en mí. Si debería o no estar cansada es irrelevante. La realidad es que lo estoy. Mi cuerpo, alma, mente y espíritu están drenados. Dejo que así sea. Abro mi corazón a Dios.

Una práctica para cuando me siento cansado

Inhala: *Jesús, ayúdame...*

Exhala: *A encontrar mi descanso en ti.*

Dios, vengo a ti cargando mi alma.

Me siento cansado. Lo siento en mi cuerpo. He conocido este sentimiento en mi historia.

Necesito tu bondad ahora porque soy propenso a empujarme y castigarme.
Necesito tu bondad porque muchas voces llenan mi mente.
Necesito tu hospitalidad porque me cuesta darme la bienvenida con todas mis necesidades.

Dios, acudo a ti.
Tú me invitas a dejar mi carga. Una por una, lo hago.

Dejo a las personas.
Dejo mis tareas.
Dejo mis responsabilidades.
Dejo mi orgullo.
Dejo mi tiempo.
Dejo mis resultados.
Dejo mis miedos.
Dejo todas las posibilidades.
Dejo mis expectativas.
Dejo mi orden.
Dejo mis derechos.

Me tumbo.

Dios, ayúdame a descansar.

No soy solo una oveja del rebaño.
Soy tu oveja.
Una a la que tú conoces por nombre.
Una a la que has llamado amada.
Una a la que has bendecido con aliento.

Vengo.
Exhalo.

Descanso.

Me permito ser recibido como una oveja por su pastor.
Caigo, débil, sobre tus hombros.
Dejo todo de mí y todas mis cargas sobre tu espalda, y confío en que no dejarás que el enemigo me derribe.

Tú eres paciente.
Tú eres amable.
Tú eres bueno.
Tú eres manso.
Tú eres paz.
Tú eres humilde.

Al venir, dejo que me ames.
Al venir, dejo que tú cargues.

Vengo a tu corazón que no tiene prisa, que no está molesto, que no tiene miedo.
Vengo con mis lágrimas.
Vengo con mi pérdida.
Vengo con mi dolor.
Vengo con mi tristeza.

Vengo a tu descanso.

Amén.

Palabra viva

Que pueda oír tus palabras para mí.

Mateo 11:28-30
"Vengan a Mí, todos los que están cansados y cargados, y Yo los haré descansar. Tomen Mi yugo sobre ustedes y aprendan de Mí, que Yo soy manso y humilde de corazón, y hallarán descanso para sus almas. Porque Mi yugo es fácil y Mi carga ligera".

invisible

sentir que no eres visto

El lenguaje de sentirse invisible

Estoy usando mis pantalones deportivos llamativos y una sudadera gris. Con el cabello recogido sin esfuerzo en un moño desordenado, me siento en la mesa de picnic. El campus está lleno de estudiantes y personal. Grupos de personas caminan de un lado a otro entre clases. Yo me siento tratando de verme ocupada, pero no tengo a dónde ir ni nada que deba hacer. Reviso mi cuaderno. Escucho conversaciones que pasan cerca. Capto risas y charlas mientras los estudiantes dan sorbos de café. Compañeros de clase se agrupan cerca de mí. Su círculo es cerrado y se esfuerzan en mantenerlo así, lejos de los nuevos. Estoy con otros, pero nadie me ve. Me siento invisible.

No quiero enfrentar mis sentimientos. Ahora casi no quiero ser vista. Quiero evitar mi tristeza porque le tengo miedo. Protejo cómo me siento realmente. Trabajo, actúo, y hago muchas cosas como una forma de ser vista. Me pongo algo (ropa, acciones, humor, logros) como una manera de sentirme más real. Me siento desconocida. No quiero sentir esto, así que me escondo más. Silencio mi voz, desaparezco, me mezclo más, me alejo aún más. Me sumerjo en mis sentimientos como si ellos tuvieran la última palabra. Porque me siento desconocida, creo que a nadie le interesa conocerme.

Me siento invisible.

Dejo que estos sentimientos se queden. Mi cuerpo se siente raro.

Me siento no vista. Me siento triste. No quiero seguir intentando. Este es un sentimiento difícil de sentir. ¿Dónde está Dios? *El Roi*, tú eres el Dios que me ve.

Una práctica para cuando me siento invisible

Inhala: *Jesús, Señor y Salvador, ayúdame...*
Exhala: *A transitar por este camino.*

Me siento invisible.

Dios, me abro a ti.

He sentido esto antes. Mi historia está llena de este sentimiento.

Muchos momentos me han llevado hasta aquí.
Mi voz no fue escuchada.
Mis pensamientos no fueron valorados.
Mis sentimientos no fueron reconocidos.
Mi tristeza cuelga sobre mí como una capa de invisibilidad.
Muy pocas personas me conocen realmente.
El dolor es profundo.

Señor, ¿dónde estoy?

Aunque haya personas a mi alrededor, puedo sentirme solo, como si estuviera en un desierto.
Me siento aislado.
Me siento desconocido.
Me siento perdido con mis anhelos.

Señor, estoy cansado de buscar afirmación, conexión, y algo sólido en lo que pueda apoyarme.
Estoy cansado de entender lo que significa ser genuino.
Estoy cansado de buscar ser visto.
Estoy cansado de esperar ser deseado.
Estoy cansado de intentarlo.

Señor, ¿es posible que este lugar desértico sea el camino en el que tú me has guiado?
¿Es este lugar donde me encuentro parte de mi viaje?
¿Es este el camino donde seré encontrado?

El camino en el que tú encontraste a los israelitas fue a través del desierto.
El camino en el que tú encontraste a Moisés fue en el desierto.
El camino en el que tú encontraste a Agar fue en el árido, turbio, polvoriento e interminable desierto.
Fue en el desierto donde finalmente se enfrentaron a sí mismos y a ti.

Señor, ya no más vagar.
Ya no más buscar, intentar, cazar o luchar.
Ya no más tratar de encajar.
Ya no más tratar de destacar.
Ya no más tratar de arreglarme como si yo fuera un problema que resolver.
Ya no más.

Señor, en cambio, piso esta tierra seca.
Enfrento mi miedo.
Enfrento mi tristeza.
Enfrento mis sombras.
Te enfrento a ti.

Señor, iré por este camino desértico.
Es un camino que tú conoces bien.
Es un camino en el que tú ayunaste durante cuarenta días.
Es un camino en el que tú enfrentaste tu humanidad.
Es un camino en el que tú también fuiste invisible.
Es un camino en el que fuiste tentado tres veces por tu enemigo.

Señor, este camino desértico es el que te llevó hasta la cruz.
Incluye dificultades.
Requiere mucha sinceridad y fe.
Incluye muerte, pero conduce a la vida.

Señor, mientras tú me guíes, yo seguiré.
Creo que este lugar desértico de sentirme invisible es el camino en el que mi carne será vista y mi alma será satisfecha.

Oro para que así sea.

Palabra viva

Señor, quiero escucharte.

> *Génesis 16:13 (NVI)*
> Como el Señor le había hablado, Agar le puso por nombre "El Dios que me ve", pues se decía: "Ahora he visto al que me ve".

devastado

sentir que la vida tal como la conocías ha terminado

El lenguaje de sentirse devastado

Las luces fluorescentes me golpean. Mi cuerpo yace inerte sobre la camilla de piedra fría. No entiendo nada de lo que dice el doctor. Lo único que veo son sus ojos llenos de compasión, que hablan con amabilidad pero titubean con la advertencia. Puedo ver su miedo. Estoy en peligro. Sin ayuda externa, sin rescate ni más atención médica, no hay mucho que él pueda hacer. Y, en un momento, todo cambia. La esperanza se desvanece. Apenas puedo respirar. Me siento devastada.

Estoy desesperada por controlar las circunstancias de cualquier manera que pueda. En momentos, me siento como una luchadora. Trabajo muy duro para cambiar, gestionar y arreglar las circunstancias para que el dolor se vaya. Trabajo duro para mejorar las cosas, cambiar el resultado, o averiguar qué salió mal. En otros momentos siento que no tengo más fuerzas. La oscuridad me ha invadido. No veo salida. No hay luz, vida, ni manera de salir de esto, salvo ser enterrada bajo la realidad. Todo el aire se ha ido.

Es imposible comprender cuán devastada me siento.

Así que, por este momento, dejo que el dolor se quede sin moverme a la acción. Solo siento. El sentimiento es asfixiante. Mi cuerpo está pesado por la pérdida. He perdido mucho. Me queda tanto por perder. Oh Dios, mi Dios, dirige tu rostro hacia mí.

Una práctica para cuando me siento devastado

Inhala: *Dios...*
Exhala: *Escucha mi oración.*

Me siento devastado.
Lo siento en mi cuerpo.
Abro mi corazón a ti.

Dios, ¿*cómo?*

¿Cómo llegaron las cosas hasta aquí?
¿Cómo perdí lo que tanto valoraba?
¿Cómo puedo regresar en el tiempo?
¿Cómo puedo darle sentido al mañana?

Dios, ahora...

Ahora, me quedo con la oscuridad.
Ahora, me quedo con la confusión.
Ahora, mi alma está en angustia dentro de mí.

Dios, apúrate...

Apúrate y haz que las cosas mejoren.
Apúrate y sana este gran abismo dentro de mí.
Apúrate y responde mis oraciones, porque me impaciento fácilmente.

Dios, ayúdame...

Ayúdame a saber qué hacer.
Ayúdame a saber a dónde ir.
Ayúdame a saber qué decir.

Dios, escucha...

Escucha mi clamor desde el abismo.
Escucha mi agonía mientras la noche desciende sobre mi vida.
Escucha mi desesperada necesidad de no sentirme así.

Dios, haz...

Haz un camino para que espere de manera soportable.
Haz un camino para soportar este dolor.
Haz un camino para que crea que otra vida es posible.

Dios, yo...

Confío en que hablarás cuando sea necesario.
Confío en que me responderás cuando se necesite una respuesta.

Confío en que me protegerás.
Confío en que no me dejarás aquí para siempre.

Dios, tú...

Eres mi refugio.
Eres mi escondedero.
Eres el principio y el fin.
Eres el Creador del cielo y la tierra.
Eres el supervisor de todas las cosas.
Eres mi esperanza.

Dios...

Tanto dolor habita en mí.
Tanto sufrimiento me golpea.
Tanta pérdida queda por sentir.
Y aun así, tú conoces también esta oscuridad de la que hablo.
En esto, encuentro consuelo.
Incluso aquí, no estoy solo.

Tú me encuentras aquí.

Oh Dios, ¿a quién he dejado sino a ti?

Palabra viva

Inclino mi corazón para escucharte.

Salmos 88:1
Oh Señor, Dios de mi salvación,
De día y de noche he clamado delante de Ti.

solitario

sentirse solo

El lenguaje de sentirse solitario

Abro las puertas del refrigerador. La luz blanca me hace parpadear en contraste con la oscuridad que me rodea. Entrecierro los ojos. Mis ojos recorren los estantes. Paso por encima de todos los ingredientes al azar y de las sobras, buscando algo que pueda preparar. Nada. Pero sigo ahí de pie. Busco algo, pero no sé exactamente qué. Quiero consumir, tomar, saborear. La desolación en el refrigerador se burla de mí. Cierro las puertas con fuerza. Me siento vacía. Mis ojos recorren mi alma. Como conectando los puntos, comienzo a ver algo que surge de la nada. Esto no es hambre. Esto es soledad.

    Este es un sentimiento doloroso. No me gusta. Soy tentada a llenar mi soledad con cualquier cosa. Busco objetos, personas o placer para llenar el vacío dentro de mí. Acudo a cualquier cosa para encontrar alivio. Incluso uso cosas buenas para tratar de sanar mi dolor (ejercicio, estar ocupada, pasatiempos, trabajo, la crianza, el servicio). Me siento tentada a dejar que mi soledad tenga poder sobre mí. Duermo en exceso. No participo realmente en mi vida. No me cuido ni me ocupo de mis responsabilidades. Me retraigo, me aíslo, y me entrego a días dejándome consumir por mi soledad. Alimento mi soledad con autocompasión. Creo que soy la única que se siente de esta manera.

    La verdad es que me siento sola. Puedo rastrearlo a lo largo de mi historia. He experimentado un amor solitario. Incluso cuando he sido amada por personas, todavía me he sentido desconocida por ellas. Si miro con atención, siempre ha estado acechando dentro de mí. Por un momento, tengo el valor de verlo y sentirlo. Algo profundo en mí duele. Presto atención a las maneras en que mi cuerpo reacciona ante mi soledad. En todos mis intentos de lidiar con mi soledad, no puedo deshacerme de ella. Tengo que creer que hay otro modo de atravesarla.

Una práctica para cuando me siento solo

Inhala: *Jesús, ayúdame...*
Exhala: *A ser lleno por tu amor.*

Dios, abro mi corazón a ti.

Me siento solo.
Lo siento en mi cuerpo.
Conozco este sentimiento de mi historia.

He estado comiendo el alimento del entretenimiento que ofrece falsa satisfacción.

He estado devorando la bebida de la influencia, el poder y el control que me prometieron darme importancia, pero me dejaron reseco.

He estado bebiendo el vino del trabajo, el afecto y el buen comportamiento que me dejó sediento de más y más.
Me he sentado a la mesa, llenando mi cuerpo con placeres externos por mucho tiempo, solo para quedarme famélico.

Sin embargo, mi ansiedad por llenarme siempre regresa.
Cada intento de llenar mi soledad ha sido solo manejo del dolor.

Dios, aquí me encuentro de nuevo, temeroso de sentir lo que realmente siento.

Dame curiosidad para ver cuándo y dónde comenzó mi soledad.
Dame valentía para enfrentarla. Dame bondad y compasión hacia mí mismo, como tú eres bueno y compasivo conmigo.

Quiero ser profundamente conocido y amado.

Dios, tú me has estado invitando a mi soledad.
Me invitas a ser conocido.

Este yo solitario es el que siempre has amado.
Este yo solitario es por quien dejaste el cielo para ir a levantarlo.
Este yo solitario es por quien moriste para rescatar de las tinieblas.

Este yo solitario es el que tú buscas para salvar no solo una vez, sino a lo largo de mi historia continua.

Este yo solitario es el que quieres conocer ahora mismo.

Llena las sombras y llena la vergüenza.
Llena lo que está quebrado y lo que está astillado.
Llena lo que está árido y lo que está en blanco.
Llena lo que está hueco y lo que está herido.
Llena lo que está desolado y lo que está oscuro.

Espero.
Mi alma espera que tú me llenes.
En ti, soy completamente conocido.

Aunque este sentimiento de soledad duele dentro de mí, también es el camino a través del cual llego a tu gracia. La soledad es el camino hacia tu presencia.
Por esto, te doy gracias.

Palabra viva

Tú me respondes con palabras de amor, y yo escucharé.

Juan 6:35 (NVI)
Yo soy el pan de vida —declaró Jesús—. El que a mí viene nunca pasará hambre y el que en mí cree nunca más volverá a tener sed.

rechazado
no ser querido o deseado

El lenguaje de sentirse rechazado

"Ya terminé. He cerrado la puerta. Así es como es". No puedo sacar de mi cabeza estas palabras que me dijiste. Repaso y repito la conversación una y otra vez. Pienso en todas las cosas que quiero decirte. Reviso mi teléfono. *Tal vez me perdí un mensaje.* Nada. Pongo el teléfono en la mesa. Sin ningún esfuerzo, una fantasía se desarrolla en mi imaginación. Siempre tiene el mismo final. Tú regresas a mí lleno de arrepentimiento, disculpas, y el deseo de reconectar.

Todo en mí se siente pesado. ¿Cómo vivo con este dolor? Apenas puedo respirar. Duele. No puedo imaginar la vida sin ti. Me preparo para el día, pero este dolor hace que sea difícil moverme. Me siento enojada. Me siento confundida. Me siento incomprendida y destrozada. Me molesta que me importe tanto. Odio cómo tienes este control sobre mí. Recojo mis cosas y me dirijo al auto. Me subo. Reviso mi teléfono de nuevo, *por si acaso*. Nada. Cierro la puerta del auto más fuerte de lo necesario. Tú fuiste quien cerró la puerta. Nada que haga podrá abrirla. Arranco el motor. Comienzo a llorar.

Me siento rechazada. Me siento sola. Estoy tentada a rechazar mis sentimientos. Empujo mis sentimientos hacia abajo. He intentado hacer ajustes y cambiarme a mí misma por el simple hecho de pertenecer. Quiero rechazar a los que me han rechazado. También soy propensa a rechazarme a mí misma. *¿Qué está mal conmigo? Tal vez tengo una falla que no puedo ver. Tal vez hice algo que me mantiene afuera. Mi falta de pertenencia es porque de alguna manera estoy quebrada.* Estos sentimientos y pensamientos me abruman y me inmovilizan. Me siento tentada a rechazar a los demás antes de que me rechacen.

Por un momento, me quedo con mi sentimiento de rechazo. Siento el horrible peso de este sentimiento. Tengo un profundo deseo de pertenecer, de ser deseada, de ser querida. Siento este sentimiento en mi cuerpo como un dolor punzante. Mis ojos buscan pertenencia y mi mente planea formas de obtenerla. Todos mis intentos de deshacerme de este sentimiento han sido infructuosos.

Debe haber otra manera.

Una práctica para cuando me siento rechazado

Inhala: *Jesús, ayúdame...*
Exhala: *A encontrar mi aceptación en ti.*

Abro mi corazón a ti ahora.

Me siento rechazado. Incluso lo siento en mi cuerpo.

Permíteme ver los lugares de mi historia donde he experimentado este sentimiento antes.

Quiero ser recibido.
Este sentimiento es doloroso.
Una tristeza como esta duele profundamente dentro de mí.

Pongo ante ti todas mis partes rechazadas.

Mis sentimientos de rechazo son una señal de que mi alma anhela una conexión verdadera.

Dios, camino hacia mis sentimientos en lugar de luchar contra ellos o huir de ellos. Camino hacia mi rechazo como tú caminaste hacia el tuyo, con valentía y convicción.
Mientras camino hacia el desierto con desolación, dolor y confusión, también camino hacia la esperanza, la pertenencia, y mi verdadero hogar.
El amor se puede encontrar aquí.
Puedo encontrar amor en los márgenes, en los bordes y en las periferias.

En mi rechazo, *acepto que no tengo poder para hacer posible mi vida.*
En mi rechazo, *acepto que no tengo poder para controlar a los demás.*
En mi rechazo, *acepto que no tengo poder para hacer que los demás me amen.*
En mi rechazo, *acepto que tú me aceptas plenamente y me deseas.*

Dios, incluso en esta tristeza tú me recibes como recibiste a los niños pequeños, a los enfermos y a los pobres, a los ricos, a los perdidos y a los vagabundos. Incluso en mi rechazo, tú me ofreces pan que satisface y agua que calma.
Incluso aquí, cuando me siento solo, haz un camino a través del dolor para que pueda soportarlo.

No puedo soportar esto yo solo.

Necesito un recordatorio de que no me has perdido de vista.

Necesito un destello de esperanza de que tienes algo bueno para mí más allá de esto.

Necesito saber que hoy estaré bien, incluso cuando no lo sienta.

Que sea a través de este sufrimiento como descubra dimensiones más profundas de tu amor por mí.

Señor, escucha mi oración.

Palabra viva

Inclino mi corazón para escucharte.

> *Salmos 27:10*
> *Porque aunque mi padre y mi madre me hayan abandonado,*
> *El Señor me recogerá.*

olvidado

sentirse abandonado

El lenguaje de sentirse olvidado

Intento no mirar hacia las gradas. No me atrevo a confirmar mi vaga sospecha. No puedo evitarlo. Miro. Los asientos están llenos de personas, pero vacíos de la única persona que esperaba que estuviera presente. Regreso directamente a la cancha. Con agresividad voy tras el juego. Con fuerza empujo lo que realmente siento. Juego más duro. Y la guerra dentro de mí se intensifica. El dolor me destroza. No te dejo excusa para dejarme. El final. El mar de fanáticos canta un canto de alabanzas y yo voy a mi auto en silencio. Nada cambia. Estoy sola de nuevo. Me subo a mi auto. Subo la música para no escuchar nada.

TRISTEZA 245

Me voy. Me dejo atrás de la misma manera en que tú me dejaste. Me siento olvidada.

No me gusta sentirme de este modo. Despierta un trauma dentro de mí, de mi pasado. Tiende a suceder que uso a las personas, causas o actividades para llenar el vacío de mi dolor. Empujo los sentimientos porque duelen demasiado. Uso mi poder para apartar o seguir adelante con lo que siento. Creo que soy responsable de que las personas me dejen. Siento vergüenza, odio a mí misma, pereza y autocompasión.

La verdad es que me duele por dentro. Estoy triste por dentro. Me quedo con estos sentimientos de ser olvidada. Antes de reaccionar, me quedo. Permito que mis sentimientos de abandono surjan dentro de mí. Mi cuerpo siente el peso de mis sentimientos. Nada de lo que hago parece borrar el abandono sellado en mi historia. ¿Qué más puedo hacer ahora?

Una práctica para cuando me siento olvidado

Inhala: *Jesús, ayúdame...*
Exhala: *A ser tu hijo.*

Dios, abro mi corazón a ti.

Me siento olvidado. Siento esto en mi cuerpo.

¿*Por cuánto tiempo, Señor, me sentiré así?*

Por un momento, me permito sentir mis sentimientos.
Desde mis primeros recuerdos o hace poco, me sentí dejado atrás.
Fui olvidado por personas que se suponía debían cuidarme.
En lugar de amarme con su presencia, estuvieron ausentes.

Dios, ya no quiero vivir con este sentimiento de ser olvidado.
Tú me invitas a ser cuidada por ti.
Este es un llamado divino.
Como hijo tuyo, puedo correr hacia tu habitación a cualquier hora.
Como hijo tuyo, tengo acceso sin restricciones a tu mesa.
Nunca me dejarás, no me enviarás lejos, ni me harás demostrar que mi presencia importa.
Dios, tú me invitas a ser cuidado como una madre por ti.

Aquí, tú cuidas mis heridas.
Aquí, tú me guardas con seguridad.
Aquí, tú me recibes, te deleitas y celebras mi presencia.

Dios, tú me invitas a dejar que seas hermana y hermano para mí.
Aquí, pertenezco completamente.
Me siento con una mesa de hermanos y hermanas que conocen no solo mi nombre, sino también mi dolor.
En la iglesia encuentro comunión con los peregrinos como yo.
Aquí hay pecadores y santos que también fueron huérfanos.
Aquí, tú restauras mi familia.

Dios, tú me invitas a caminar.
Camino por este oscuro camino de sanidad contigo.
No me desvío a la izquierda y dependo de lo que otros dicen o piensan.
No me inclino a la derecha dándole mi dignidad a quien me dejó.

No dependo de mí mismo para mi propia fuerza.
Camino con la fe de que mi historia de abandono me llevará a la plena adopción.

Dios, tú me invitas a confiar.
Confío en que este no es el final de mi historia.
Confío en que nunca perderás de vista mi ir y venir.
Confío en que me buscas como buscaste a la oveja perdida, la moneda perdida, el hijo perdido.
Confío en que tú buscas mi bien, porque soy tu hijo.

Que no solo sepa que pertenezco a ti, sino que realmente llegue a creerlo también.

Señor, tú escuchas mi oración.

Señor, tú ves mi vida.

Señor, tú restauras mi alma.

Palabra viva

Te escucharé.

Romanos 8:13-17 (NVI)
Porque si ustedes viven conforme a ella, morirán; pero si por medio del Espíritu dan muerte a los malos hábitos del cuerpo, vivirán. Porque todos los que son guiados por el Espíritu de Dios son hijos de Dios. Y ustedes no recibieron un espíritu que de nuevo los esclavice al miedo, sino el Espíritu que los adopta como hijos y les permite clamar: "¡Abba! ¡Padre!". El Espíritu mismo asegura a nuestro espíritu que somos hijos de Dios. Y si somos hijos, somos herederos; herederos de Dios y coherederos con Cristo, pues si ahora sufrimos con él, también tendremos parte con él en su gloria.

sufrimiento
sensación continua de duelo

El lenguaje de sentir sufrimiento

Te extraño. No puedo recordar no sentirme de esta manera. Un manto de tristeza cubre mi alma. A veces mi dolor me pincha y me punza, mientras que otras veces es suave y casi reconfortante. Hoy llegó con una patada feroz. Vi a otra persona celebrando algo que yo nunca podré celebrar, y los alfileres que mantenían mi corazón en su lugar se rompieron. Lágrimas por todas partes. La pérdida irrevocable que tengo parece que nunca sanará. Aquí voy otra vez. Aquí la desesperanza se cuela y susurra mentiras: *Nunca mejorarás. Siempre te sentirás así. No hay nada bueno para ti. La gente está cansada de tu dolor.* Vuelvo a coser mi alma con el poco hilo que me queda. Me encierro en mí misma. Mi manto regresa, pero esta vez no me consuela. Al contrario, mantiene a las personas afuera; me mantengo en mi interior.

    Siento un gran sufrimiento. A veces resisto sentir lo que siento. Soy tentada a responder a mi tristeza huyendo de ella o luchando contra ella. Quiero que se vaya. Estoy cansada de sentirme así. Incluso en la risa, mi corazón siente una punzada. Mi rostro muestra fortaleza, pero mi alma está cansada. Me vuelvo hacia adentro, creyendo que no hay salida. He dejado que la tristeza se convierta en parte de mi identidad. Creo que nunca terminará. En lugar de asumir mi tristeza, dejo que mi tristeza asuma control sobre mí. He intentado muchas cosas para que este sentimiento desaparezca, pero mi sufrimiento parece estar unido a mi alma.

Por un momento, dejo que esta oleada de tristeza se quede. La siento en mi cuerpo. Se expande dentro de mí. Las lágrimas caen. Más lágrimas llegarán. Este sentimiento es muy familiar. Anhelo que haya una forma de atravesar esta tristeza que no me aplaste, sino que me cure.

Una práctica para cuando siento tristeza

Inhala: *Jesús, mi buen pastor...*
Exhala: *Consuélame ahora.*

Abro mi corazón a ti.

Siento tristeza.

La siento en mi cuerpo.

Trazo la historia de mi tristeza y permito que tú, Dios, me guíes a lo que necesita ser llorado en mí ahora mismo.

Incluso aquí, la decepción me encuentra.

No estoy donde quiero ni donde esperaba estar.
Siento que este sufrimiento aumenta dentro de mí.

Me permito sentirme triste.
Me permito sufrir.
Expreso mi tristeza con lágrimas, suspiros e incluso en silencio.
Tú dices que el que llora será levantado. Mi sufrimiento se convierte en acceso a mi consuelo.

Mi tristeza es una puerta al Varón de Dolores: *Desechado de los hombres, varón de dolores y experimentado en aflicción; y como uno de quien los hombres esconden el rostro, fue despreciado, y no lo estimamos.* (Isaías 53:3)

Jesús, tú conoces el largo camino de la pérdida intensa.
Conoces el dolor, el rechazo, la pérdida, la vaciedad, la traición y la humillación. Jesús, tú entiendes lo que es caminar bajo la sombra del dolor mientras existes en la tierra de los vivos.

Jesús, ¿me levantarás como tú fuiste levantado?

De la tumba a la gloria, ¿envolverás mis heridas con el consuelo de tu cuidado?
De la tristeza a la bondad, ¿atarás mi dolor en tu santo manto?
De la oscuridad al crecimiento, ¿esconderás mi dolor en el hueco de tu mano sanadora y restaurarás en mí nueva vida?

Jesús, ayúdame a soportar esta oleada de tristeza.
Recuerda a mi alma lo que mi mente sabe: que este dolor no me tragará, sino que pasará a través de mí.

Necesito tus palabras de consuelo ahora.

Aunque el sufrimiento parece desacelerarme, es el modo en que tu amor se filtra en mi alma. Entro en mi río de sufrimiento. No resistiré el agua, sino que me moveré con ella. Al hacerlo, entro en tu amor.

Consuélame ahora, oh Señor, para que mi tristeza encuentre un hogar en ti.

Señor, escucha mi oración.

Palabra viva

Dios, te escucho. Creo que lo que tú dices es verdad.

Mateo 5:4
Bienaventurados los que lloran, pues ellos serán consolados.

sombrío

sentirse deprimido, pesimista o desanimado

El lenguaje de sentirse sombrío

Hoy me sentí rara. Para ser sincera, ni siquiera me di cuenta de que me sentía así hasta que estaba a punto de quedarme dormida. Mientras daba vueltas en la cama, comencé a nombrar lo que estaba conspirando en mi corazón. Me siento decaída. Me siento triste. El invierno llega con su temprano y oscuro telón de fondo a cada día. El frío se mueve como una niebla costera. Tengo frío. Me doy cuenta de que, cuando no veo el sol, mi corazón se siente angustiado. Con esta nueva temporada, le dije adiós a los ritmos que amo. Amo la calidez del otoño. Amo las noches largas. Amo las actividades de los niños y los amigos que vemos en el campo. Pero esa temporada ya se ha ido. Ha llegado una tristeza pasajera.

Este sentimiento es tan leve que estoy tentada a pasarlo por alto. Es fácil para mí seguir adelante. Pero a medida que mi corazón se atasca dentro de mí, intento escuchar. Escucho mi tristeza. Escucho lo que tal vez necesito dejar ir. Escucho a mi cuerpo. Dejo que mi melancolía se quede. Tal vez Dios tenga algo para mí aquí, algo a lo que debo prestar atención.

Una práctica para cuando me siento sombrío

Inhala: *Mi Señor, mi Dios...*
Exhala: *Tú sostienes mi alma.*

Abro mi corazón a ti, Dios.
Siento melancolía. La siento en mi cuerpo.

No estoy seguro de qué hacer con mi tristeza hoy. Dame sabiduría para saber qué es lo que hay en mi corazón que necesita ser procesado y orado.

Mi melancolía va y viene como la niebla.
Siento el dolor moverse dentro de mí.

Siento que la pérdida atrapa mi alma.
Siento que no quiero quedarme aquí por mucho tiempo.

Pero estoy aquí ahora, y confío en que te importa mi vida. Por insignificante que pueda ser mi tristeza, creo que a ti te importa.

La vida está cambiando.
Las estaciones vienen y van.
No puedo mantener nada quieto.
No puedo controlar el paso del tiempo.

Dejo de pensar sobre mis sentimientos.
En cambio, los siento, los abrazo y los reconozco.
Abro mi corazón a ti.

No necesito editar mis palabras o sentimientos contigo, Dios.
En este lugar, tú eres mi constante.

Tu Espíritu ordena mi espíritu.
Tu Espíritu consuela mi espíritu.
Tu Espíritu me consuela y me da la bienvenida para que pueda sincerarme.

Aunque la tristeza existe incluso cuando no hay palabras, confío en que tú me darás entendimiento.
Aunque no pueda sacudirme este sentimiento, confío en que tú no te dejas sacudir por él.
Aunque no pueda entender todas mis circunstancias, confío en que tú enderezarás mi camino a su debido tiempo.

A medida que las estaciones cambian, también lo hacen mis sentimientos.
Espero en ti.
Espero con la premisa de que esto no es el final.
Espero en las promesas de tu amor para acompañarme.

Sé que este sentimiento no es definitivo, sino un lugar de paso.
Es un lugar que debo atravesar en oración.
Se convierte en tierra santa para que surja la esperanza.
Tú estás conmigo en este umbral de cambios.

Confío en que incluso aquí, tú estás formando mi corazón en amor.
Ayúdame a ver qué debo dejar ir.
Ayúdame a ver qué debo mantener.
Una vez más, encomiendo mi vida y las vidas de los que amo a tu cuidado.

A medida que la vida cambia, creo con todo mi ser que tú deseas mi bien.
Incluso aquí, tú estás formando mi corazón.
El dolor de crecimiento que siento ahora me está haciendo crecer para ser alguien que ama como he sido amado.

A medida que siento mis estados de ánimo balancearse, me apoyo en ti.
Permito que mi tristeza sea el espacio donde tu amor me recibe para sincerarme.

Señor, escucha mi oración.

Palabra viva

Dios, quiero oír de ti.

Eclesiastés 3:1-8
Hay un tiempo señalado para todo, y hay un tiempo para cada suceso bajo el cielo:
Tiempo de nacer, y tiempo de morir;
Tiempo de plantar, y tiempo de arrancar lo plantado;
Tiempo de matar, y tiempo de curar;
Tiempo de derribar, y tiempo de edificar;
Tiempo de llorar, y tiempo de reír;
Tiempo de lamentarse, y tiempo de bailar;
Tiempo de lanzar piedras, y tiempo de recoger piedras;
Tiempo de abrazar, y tiempo de rechazar el abrazo;
Tiempo de buscar, y tiempo de dar por perdido;
Tiempo de guardar, y tiempo de desechar;
Tiempo de rasgar, y tiempo de coser;
Tiempo de callar, y tiempo de hablar;
Tiempo de amar, y tiempo de odiar;
Tiempo de guerra, y tiempo de paz.

reconocimientos

Estoy eternamente agradecida con aquellos que han sido un amable receptor para mis sentimientos.

Quiero mostrar un agradecimiento especial a Mindy, por enseñarme que la sensibilidad es una fortaleza; y a Kara, por mostrarme cómo ser valiente incluso cuando no es conveniente.

Gracias, mamá, por acoger toda mi gama de emociones, y a mis hermanas por sostener mis sentimientos durante toda mi vida.

Gracias, papá, por creer en mi sueño.

Gracias, Ashley, Kristin, Krissa, January, Katie, Erin, Becca, Aly, Greta, Jessica, KJ, Amanda, Gina, Jenn, Melissa y Becky por su amistad.

Gracias a mi familia de la iglesia.

Gracias a las hermosas almas de *The Hope House*. Ustedes están por siempre en mi corazón.

Gracias, Jackie Sevier, por tu sabiduría divina.

Un enorme agradecimiento a Jennifer Dukes Lee, mi editora y amiga, cuya sabiduría me ayudó a dar vida a este libro en el momento más crítico.

Lisa Jackson, mi agente, gracias por creer en este libro desde el principio y ayudarme a salir del estancamiento en el camino.

Gracias a mis hijos, Manoah, Samuel, Noelle, Hannaly y Mea. Me encanta caminar con ustedes a través de cada sentimiento que sienten. Es el mayor honor de mi vida.

Y, Sam, gracias por detenerte ese día junto al lago para verme. Ese momento y cada momento desde entonces, me has amado. Tu amor es como el agua.

acerca de la autora

Anjuli Paschall creció en San Diego. Estudió psicología en Point Loma Nazarene University y obtuvo su título de posgrado en formación espiritual y cuidado del alma en el Seminario Talbot. Ha estado casada casi por veinte años con su amigo de la infancia: Sam. Juntos fundaron *Sojourn and Sage*, una casa de retiro y residencia para aquellos que se sienten agotados. Tienen cinco hermosos hijos: Manoah, Samuel, Noelle, Hannaly y Mea. Anjuli es la autora de *Stay* y *Awake*. Como esposa de pastor, escritora y directora espiritual, aprendió que los sentimientos son el camino hacia la oración. Le encanta el té chai, el crepúsculo y el color naranja.

CONECTA CON ANJULI:

AnjuliPaschall.com
SojournAndSage.com
@lovealways.anjuli
@sojournandsage